# 分手，

沒有想像中的痛！

凱特文化 心關係05
分手，沒有想像中的痛

作者　薇薇
發行人　陳韋竹｜總編輯　嚴玉鳳｜主編　董秉哲
編輯　洪源鴻｜封面設計　萬亞雰｜版面構成　楊荏因
行銷企劃　陳泊村、胡晏綺
印刷　東豪印刷事業有限公司
法律顧問　志律法律事務所　吳志勇律師

出版　凱特文化創意股份有限公司
地址　台北縣236土城市明德路二段149號2樓
電話　（02）2263-3878｜傳真　（02）2263-3845
劃撥帳號　50026207凱特文化創意股份有限公司
讀者信箱　service.kate@gmail.com
凱特文化部落格　http://blog.pixnet.net/katebook

經銷商　聯合發行股份有限公司｜負責人　陳日陞
地址　台北縣231新店市寶橋路235巷6弄6號2樓
電話　（02）2917-8022｜傳真　（02）2915-6275

初版　2015年1月｜ISBN　978-986-5882-90-7
定價　新台幣250元

## Ⅲ 當我們不再相愛



## Ⅳ 愛情的盡頭

V 破繭，重生　133

# 序　給前男友的一段話

「謝謝你狠狠地甩了我。」我一直想向前男友說這句話。

正因為失戀過，所以每當傾聽為愛神傷的朋友道出分手故事時，我格外能暸解那種痛，正因為暸解這樣的痛，所以我的文章能夠讓人感同身受。

和許多人一樣，我也期待愛情，也嚮往能有一段相知相守的感情，但命運總是喜歡捉弄人，你以為的天長地久，最終只是對方的隨口說說，不用負責任的一句「分手吧！」是多麼沉重的打擊，但是，隨著年紀的成長與社會歷練的累積，我漸漸看清了愛情的面貌與本質。

因為失戀，我暸解被劈腿的痛，也曾因為情緒受挫而影響了工作和人生方向；渾渾噩噩的日子我也度過，被最好的朋友背叛、差點不相信人性的純真良善，我也如此失望過。

但是，經歷過幾次的分手，我選擇把這樣的療傷經過與大家分享，我想讓所有和我有同樣遭遇的朋友把悲傷降到最低。

在愛情中，沒有所謂的專家，只有擷取經驗，懂得修正的人才懂自己該追求什麼。在這段過程中，我讓自己歸零，對於愛情不再有任何天真的想像，反芻過往情人留下的教訓，我學會了沉澱與思考，原來愛人與被愛是互通的。當雙方對愛的感覺已經到達崩毀的臨界點，再不及時撤手，恐怕會被炸得遍體鱗傷。

愛情是亙古不變的話題，尤其是分手。再怎麼堅強的人都躲不過分手的傷痛，在部落格分享對愛情的觀察之後，來自各地的網友給了我很多鼓勵與指教，他們說，因為我的文章，他們在愛的國度裡有了力量。

曾經有一位網友留言：

「薇薇，謝謝妳，在一年前我失戀了，是妳的文章陪伴我走過這些難過的日子，現在我走出陰霾，也交了新男友，特地留言給妳，希望妳能感受我此刻的幸福。」

那正是我想要做到的，我想要給分手後難過躲在家痛哭的人、給苦苦哀求情人回來的人、給或許會做傻事的人一些信心，我希望藉助文字的力量，幫助需要療傷的朋友們。許多身邊的朋友都習慣把心事告訴我，而我也會給予意見並且幫助他們走出傷痛，所以我試著在文章裡淡化憂傷，建構出沒有距離感、我就在你身旁的心情分享記錄，正因為我也是過來人，每一段愛的故事或多或少也都有我的身影，感同身受，才能提醒自己更要懂得愛的真諦。

每個人隨著年紀、經歷的不同，對於情人的選擇也會跟著改變標準。當女人持續成長、持續前進時，她所期待的男人，絕對不會是十年前的負心漢。因為當妳選擇超越自己的同時，那段過去早已成了遠古的傳說，無須再考究。

這本書要獻給所有在愛裡努力的人們，只要此刻為情所困的你或妳，能因此減少傷痛，那就是我最大的期望了。

最後，我想對傷害過我的人說：

**轉身離開了愛情，我才懂得分手是為了讓自己更幸福。背向愛情，我看見了更美的天空。**

薇薇　二〇一〇年十二月

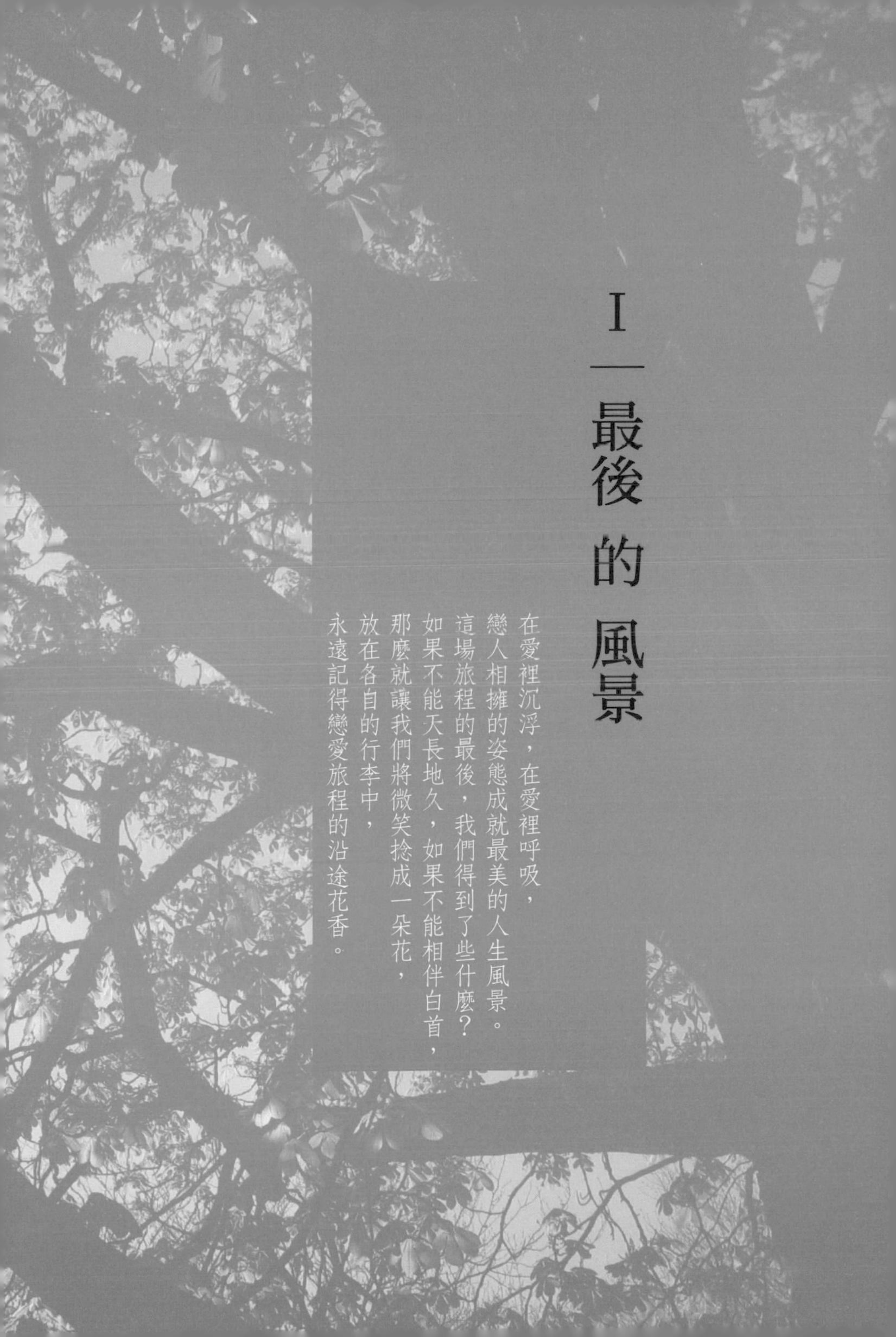

# I 最後的風景

在愛裡沉浮，在愛裡呼吸，
戀人相擁的姿態成就最美的人生風景。
這場旅程的最後，我們得到了些什麼？
如果不能天長地久，如果不能相伴白首，
那麼就讓我們將微笑捻成一朵花，
放在各自的行李中，
永遠記得戀愛旅程的沿途花香。

# 分手旅行，讓自己更清醒

愛情，就像一場旅行。每談一次戀愛，就會感受不同的旅行所帶來的戀愛風景。在旅行途中不可能永遠都有伴，偶有的空窗其實是接替你展開下一段旅程的過渡期。

常常聽朋友談心事，我喜歡當一個聆聽者，聽著聽著，彷彿我對人性與感情就更深入瞭解一些。後來，我再與不同的朋友談天時，他們如果遇到了以往我曾聽過的類似情形，那些經驗便是可以分享給新的朋友的成長養份。

關於愛情，我們仰賴它呼吸生活；關於分手，我們需要它提醒自己人生還有更多可能；追尋一段真正的感情並無捷徑，只有披荊斬棘、或者在一次又一次的迷途裡迂迴前進，才能確定腳下的愛情旅程是踏實而堅定。

我曾聽說過這個故事，女主角是我大學學妹，她的故事正是大部分女孩的縮影，關於辦公室戀情、關於分手的兩三事：

女孩剛出社會，進入公司的第一天就遇上了笑容誠懇的他，兩人一見如故，初到陌生環境的女生，遇上對自己親切又體貼的異性總是會比較容易打開心房，如同一般的辦公室戀情，過沒多久，兩人開始交往了。辦公室戀情有好有壞，優點是兩人方便碰面，從早到晚膩在一起對剛陷入熱戀的人來說，非常剛好；但也容易招來周遭的異樣眼光，尤其是直屬主管的關切壓力，兩人為了保住工作、避免影響到考績與同事觀點，在彼此的討論之下，戀情於是轉為低調。

但隨著工作壓力越來越重，兩人昔日的甜蜜逐漸消逝，女孩已經不是當初的菜鳥了，她不再依附男孩，熟悉公司大環境後，她的能力越來越好，深受主管賞識。對於男人而言，尤其是工作年資較久的男人，這是何等的挫敗，不論是以情人或是同事身分，這都足以讓人意志消沉。於是爭吵日漸增多，兩人在一次的大吵架後說了分手，從此形同陌生人，彼此碰面也裝作不認識。

但兩人的部門就在同一個辦公區域，她每天仍是會遇見他，重感情的人是很難看開的，再撐了兩個月後，她為了逃避現在的情況請了假，獨自出國療傷。沿路她體會到一個人的寂寞，也學會一個人獨處時應該如何排解情緒。她比從前更瞭解自己，另一個肩膀或許能給她依靠，但只有自己的肩膀能挑起所有的喜樂憂傷。

分手後如果能不見到對方會比較容易忘記，最怕是同事或同學，這種身份要天天見面，只會讓療傷期拉長。如果不能自我排解難受的情緒，很多人會選擇走回頭路，挽留對方或是只能選擇放棄工作。

**雖然失戀會痛苦，但在這段路上，你會學習到如何收與放，收回自己的愛情，放開以前的自己。**

透過失戀，你才會更清楚自己想要的是什麼，為什麼失敗？什麼方式不對？千萬不要因為一次分手，就貶低自己，「你沒有錯，對方也沒有錯，只是我們愛錯了」，愛到一個不珍惜你的人，這樣的關係，好比苟延殘喘，與其這樣互相折磨，不如爽快分手還給彼此自由，也給自己重生的機會。

分手其實是人生中的一小部份，如果你與對方緣份已盡，不如放開手，享受這一段獨身生活。一直很喜歡麥金西的一番話——「**時間是世界上一切成就的土壤。時間給空想者痛苦，給創造者幸福**」。

度過了一段段分手難熬的日子，在空想中我們體會到痛苦，於是應該懂得自己創造幸福，當你學會了如何享受孤單，你就會懂得幸福。千萬別浪費了這段時間，做好準備，準備接受下一個有緣人，讓我們更成熟面對愛情的各種樣貌吧！

**薇薇小語——**

學習放下不是件容易的事，尤其你可能會說，這段戀情歷經各種艱難考驗、或者交往多年，怎能輕易說放就放？

如果還執著於慣性的交往而不自知對未來關係的傷害，建議你，就放下一切，暫時離開熟悉的人事物，去個沒人認識你的環境，重新認識你自己，只准自己旅行，或許就能真實面對心底最深處的聲音。

經營一段感情，就像種下一顆果樹，
辛勤照護不見得就能結出甜美的果實；
即使入口酸澀，也要感念過程中付出的心血。

## 加分情人勝過滿分愛情

當你把愛情預設值拉得太高，只會讓自己跌得更重；兩個人交往，並不是在選拔愛情模範生，能夠讓彼此在感情中嚐到相知相守的甜蜜，遠比與一個零缺點的愛情機器來得踏實。

朋友是個上班族，熱情活潑，出社會不久由於表現良好升為主管，擅於主控場面，因此作風比較強勢。大家都羨慕她薪水好、能力強，但她自己心裡清楚，人生最大的缺憾是感情不順遂。

長得頗具姿色，身材婀娜多姿，有眼睛的男人應該都會愛上，偏偏每段戀情都不久，後來和朋友聊天後才發現，她有個「一百分戀情」的定律。

聽到一百分戀情，大家都瞪大雙眼，是什麼東西？聽完才發現，所謂的一百分戀情，就是一種強求人改變的定律。當你把愛情預設值拉得太高，只會讓自己跌得更重。朋友每次戀情，總是希望有熱戀感覺，好不容易交往到半年，只要情人稍有鬆懈，一個怠慢，就被宣判出局。

期望情人時時呵護，小心翼翼捧在手掌心，記得各種節日，要依順著自己，這是偶像劇中才可能發生的事情。現實中，上班累得半死，哪有心力小心翼翼對待情人；交往許久，小缺點一一暴露，哪能還像初認識般，耐心等對方改變。**愛情無法永遠熱戀，我們只能學會將愛情昇華，進階到另一種默契。**

你嚮往的愛情是什麼樣的畫面？

曾經在路上看到一對老夫妻，牽著手慢慢散步，日光將他們的影子拉得好長好長，在人來人往的街道中交疊出深深淺淺的人生故事。單單這樣的畫面就讓人感動，如果將愛情的熱度用玩具來比喻，我想，所有人就懂了。拿到手的玩具起初都是愛不釋手，無時無刻不想捧在手上把玩，可以為了它廢寢忘食，可以向別人炫耀；等到過陣子回頭看，玩具早已不知道丟去哪裡，在你的人生中，除非這個玩具特別有意義，才有機會讓你時時回味，否則過了數十年，隨著時間流逝，自然早忘了當初愛它的衝動，留在心中的只剩下回憶，變成一種價值，陪伴你的價值、不可取代的價值。

女人不可能永遠得到一百分的愛情。用分數的高低、用選拔聖人的標準來看待另一半，其實是不公平而且虐待彼此的：客觀來說，試想自己都不見得是完美無缺的，又怎能無理要求對方面面俱到；從主觀的角度來看，**感情的相處本就是經過無數的磨合與溝通，才能進入兩人都感覺美好的階段；要從兩人都真正需要的角度切入，才是談這場戀愛的真正價值**。否則只是秤斤論兩，將愛情當成了吹毛求疵的商品標價。

後來我的女性朋友在感情路上還是處處碰壁，在傷害了許多真心付出的男性追求者之外，她也不時磨損自己對感情的投入熱忱。向來好強的她後來問我，我只跟他說，永遠不要忘記每次分手時，對方失落離去的背影，那些背影曾經有可能是妳期待牽手的另一半；永遠要記住他們反問妳為什麼要得到一百分愛情的面孔，因為他們看見的是一個在感情中不理智、過度要求的妳，如果能在分手之後清醒思考，想清楚自己的執著對其他人來說是否真有必要？還是只是無關緊要的需求？

想清楚了，感情的路就會順多了。搬開放在感情路上的石頭，將注意力放在對方的真心上，兩個人的距離會靠得更近、感情也可以加溫加分。

**薇薇小語——**

永遠不會有一百分的愛情，以高標準要求對方的同時，請設想自己在別人眼中會是幾分的情人？如果自己也無法說出讓自己滿意的答案，請思考這樣的執著到底是自私還是熱情？

每段分手都有原因，接受、反省、看清、重新來過，努力讓自己成為可以加分的情人，而非追求滿分戀情的另一半吧！

## 愛情，獨家限量

我們總認為開口說分手的情人絕對有錯。然而，在愛情領域中，沒有「絕對」那兩個字。分手後，所有的對錯會因情感的消失跟著隨風而逝。

她從小就很沒安全感，尋找的情人都是比自己年長又有能力的人。這樣的情感投射讓她對情人產生了佔有慾，她和男友剛熱戀時，時時刻刻想膩在對方身邊，並且喜歡掌控行蹤，男友只要不在視線中，她就開始不安；男友只要少打一通電話，她就開始疑神疑鬼，擔心是不是這份感情淡了？是不是男友沒這麼愛她了？

**熱戀時，情人是不會感覺到壓力和不悅的。直到熱戀退去，失去糖衣的愛情就像裸體般原形畢露，不如若隱若現動人。**

有天，她在電視機前守著最愛的偶像劇，劇情是男女主角熱戀過後，因為柴米油鹽的生活瑣事在吵架，看著偶像劇的她心血來潮，她問男友：「你也會這樣對我嗎？」男友一開始還有耐心回答：「現實與偶像劇最不同的地方就在於，現實是會改變的，而偶像劇是照本宣科的，偶像劇的浪漫都代表著不切實際。」她聽了答案不甚滿意，持續追問，「那你是不是沒這麼愛我了？」男友被問煩了，便閉嘴不再回答。

「你是不是心裡有別人？如果你被我抓到偷吃，我不會讓你好過的！」她心裡的不安越來越大，狗急跳牆一般說出警告的話。殊不知這番話是導火線，壓死兩人情感的最後一根稻草。

偶一為之的拌嘴總是會和好，但長期累積的不愉快會漸漸侵蝕感情，終於，男友對她的態度日趨冷淡，著急的她遍尋不到辦法，也只能任由這段感情彈盡糧絕。最後兩人分手了，男友的理由是：「妳的愛太有壓力，常常讓我喘不過氣來。除了佔有慾外還疑神疑鬼，這樣的愛情太累了。」聽聞這番話後，她難過得說不出話來，也明白了愛情是不能有任何壓力的。

全心全意將熱情一股腦放在對方身上，以為這就是愛情，卻不明瞭，真正的愛情是不能有壓迫感的，你把全身的負擔都交付給情人，沒有留下適當的相處距離，只會讓人想逃之夭夭。曾看過一本書上寫的，「**刻意虛張聲勢、會疑神疑鬼的人，只能面對自己心中的煎熬與防衛，得不到快樂和幸福**」，因為想要從他人身上獲得能量，而自己只能流失能量，無法得到肯定自己的力量。最終，幸福是不會和你並行的，你少了發掘自己存在的重要性。

有佔有慾的人，其實是孤單的人。一個人的時候想要找個情人，一旦有了情人，就恨不得牢牢抓住，生怕鬆懈了，情人就會消失。但他永遠不明白真正讓感情消失的，才是自己。

**試著發現自己的存在感，並且了解，愛情並不會如此容易消失的。在每段戀愛的進行中，要給自己肯定的力量**；失去這段感情，應該要讓自己得到下段感情的成長才是。

**薇薇小語——**

相愛容易相處難，一段穩定的感情得來不易，過多的愛不會是愛，它只會造成另一半負擔。

感情可以獨家，但不應該強行佔有。沒人想活在緊迫盯人的壓力中，當你自以為完全掌握對方的同時，情人在你眼前，不過就是個被你俘虜的罪犯，你想得到的，是情人真心的回饋？還是屈服你恐懼之下的虛假回應？

## 原來，你一直都在……

有些感情的消失，並不是因為兩人的濃情轉淡，而是隨著一個生命的逝去，不得不畫下句點……。留在心中的盡是不公的吶喊與加深的思念之情，但，妳能依賴這種回憶養份多久？

女人習慣買大包包，總是把要用的、偶爾用的、剛買的通通塞進去，當要找尋的時候卻左掏右翻地找不著。直到有天找到空閒時間，要開始清理包包的時候，才發現有些曾經記憶深刻的東西，被不經意隨手丟棄在裡頭，泛黃的電影票根是熱戀期的證明、還未開封的暖暖包是前幾個月他貼心購買的、還有張紀念日一起旅行拍的大頭貼……。陳舊的記憶驚醒了沉睡的猛獸，齜牙咧嘴朝你襲來。

她和男友是在一趟旅途中認識的。剛結束上一段感情的她，為了趕快遺忘不愉快的分手情緒，選擇獨自旅行。

站在異鄉總讓人顯得孤單寂寞，本來決定拋下失戀的心情，卻在旅途中偶遇了他，彼此照應的感覺讓她又湧生了戀愛的念頭。

人生真的好多意外，失戀時以為封閉的心門卻再次打開了；以為孤單即將陪伴自己好一陣子，卻意外得到了愛情。或許是份相知相惜，在旅途中兩人漸漸了解彼此，想法契合、興趣相似、連笑點也是，有人說過，其實**愛情中最重要的是，懂得對方的笑點，找到個可以欣賞你並且一同聊天說笑的伴侶是難得可貴的。**

這份緣他們一直很珍惜，所以一路走來交往了十年，正當要論及婚嫁的同時，男友因為生涯規劃的關係，決定接受公司賦予他調派海外的重任。這是好消息，畢竟如果兩人要談及未來，男方出國回來後薪水增加，也容易升遷，對兩人的家庭更有保障。於是溝通後決定等男友回國再結婚，兩人展開遠距離戀愛倒也甘之如飴，畢竟交往久了，對彼此的個性也都了解，所以關係穩定的兩人就很放心地各自衝刺工作。

可惜好景不常，勞燕分飛的他們好不容易終於盼到了男友調派回國的日子，就在男友前往機場的路上，卻遇到車禍重傷不治。在台灣的她等過了好幾個班機，終於，原本聯絡不上的手機通了，聽到醫護人員從電話那頭告知噩耗，她崩潰地哭了……，明明就要一起展開屬於兩個人的新生活了啊！怎麼會發生這樣的事情？

她像個失了魂的紙娃娃，有半年的時間都無法忘記初聽噩耗的痛苦，她每日看著兩人用相機記錄的過往甜蜜、去兩人走過的每個地方，那些笑談辦公室八卦的小餐廳、聊著兩人小時候趣事的公園座椅。朋友看了很不捨，一心想幫她走出來，於是她接受了朋友的好意，重新展開新的生活：從拋棄舊的回憶開始，找到新的房子，想要離開有著兩人共同回憶的地方。

收拾著行李，記得開始搬進來東西很少，隨著兩人交往穩定，家裡頭少少的物品變到現在二十個箱子都裝不下。但或許真正沉甸甸的是心情吧！那份用盡力量都無法承載的難受。把最後一個回憶封箱裝好，傻傻地看著相機，那是男友送她的，男友說希望她用來記錄共同的生活和旅程。但如今上面覆蓋了沉重的灰塵，彷彿只剩下孤獨。

看到以往的照片，張張都是笑臉和頑皮的動作，按到最後一張——男友充滿愛意的眼神，在鏡頭前站得僵直，臉上掛著靦腆的笑容，而雙手圍成一個愛心。一想到這裡，淚如泉湧。或許停在這刻的回憶，是你早有準備的，看著大咧咧的笑臉，感覺你一直都在，不論是什麼時刻。

我，很好。在拿起最後一箱行李時，心裡暗下決定，人生和愛情充滿了變數，在這站起程，原以為的終點卻不能停留。於是拿起行李，轉運了心情寄託到下次的旅程。

**薇薇小語——**

忘掉舊情人最好的方法就是離開當下情境，離開曾有的生活空間，儘量避免有各種睹物思人的可能發生。除非妳選擇活在回憶中，否則應該及早回歸正常生活，試想，週遭的人事不會因為妳的感情結束、也就跟著時間靜止，一切都如常運作著，妳還希望停頓多久？

擦乾眼淚，放心往前走去吧！割捨得下這一段戀情，妳能成長更多。

遵守感情遊戲的交通規則，
柔順的人請走斑馬線，或者天橋地下道。
而我們都不是遵守戀愛規則的人，越禁忌越狂戀。

我們都想住在彼此的心中，依偎一場美夢。
但時移境遷，角落的木偶孤伶伶守著無人聞問的屋房，
我問小木偶，你也和我感到相同的寂寞嗎？

# 寂寞作祟

寂寞是黑夜裡的一把雙面刃，它刺痛了思念對方的心，教你不得不面對心裡的空虛；然後它也將你心中腐壞殘破的部份切除，還給你新生的權利。是寂寞作祟，包圍了你，還是你悟不透分手的因由，任自己與回憶作困獸之鬥？

夜闌人靜的時候，無意間翻閱相片看到熟悉的臉孔，那個曾經允諾要牽手一輩子的男人，一度想念起和他並肩談笑的生活點滴，但馬上醒悟，這個舊情人還值得讓妳半夜無法入眠，讓妳打亂生活步調嗎？

或許這就是緣份吧！我們**相愛總是在碰運氣，像一場俄羅斯轉盤的遊戲，拿起愛神的弓箭，盲目往前射去**，好運的人可以正中紅心、繼續交往下去，運氣不好的人可能射到界外去、體會到分手的痛楚。

上輩子我們曾經有緣，但緣份不夠；今生再續情緣，仍舊是不夠，於是我拱手讓出你左邊的位置，曾經最喜歡的位置。笑著流淚度過一些日子，我想應該是要釋懷的，畢竟對方比我更適合你……一個人深夜坐在回憶前，所有的點點滴滴擁上心頭，要承認自己不適合你是痛苦的，這等於承認分手是自己的問題，承認就是我不會表達，太過嘴硬，才會讓幸福悄悄從手中溜走。

一直在情海遊蕩的我，始終在尋找能停靠的港口，這是一種寂寞，不被人疼愛的感受。我常常在想，當一個女人痛過幾次之後，還能承受多少的愛？抗拒著接受愛卻又渴望愛情，這樣的愛能維持多久？

淡淡抽離這樣的情緒，靜靜聽著陳奕迅的〈Last Order〉，歌詞灑脫寫著，「沒關係真的沒關係，我也許早就該回去；再一杯我告訴自己，到此為止乾了不再續……」。寂寞像攀爬的蜘蛛，無聲無息地張網織住脆弱的心靈，把手和腳和心，緊緊地網住，動彈不得。

忘了有多久，害怕失去的感覺深埋在心底深處，經過多年後，我反覆告訴自己，起碼愛過，就值得了，起碼我記得，曾經躺在你懷裡撒嬌說著：「愛你，我真的愛你。」起碼……，我相信你還是記得我的。如此，就夠了。

假裝堅強，傷口反而會癒合得更慢，流些眼淚是好的，因為明天還是會繼續下去，流一些遺憾在心中，讓生活有個奮發的方向，知道我們曾錯過什麼、應該為什麼而努力。我們的故事仍是進行式，我也相信，生命中的Mr.Rght有天仍會到來。

**薇薇小語——**

分手之後最困難的事情是面對回憶，感情的戰爭並不會因為對方的離去而終止，妳還有更多的相處回憶要奮戰。越想逃脫越容易跟過往形影不離，將所有觸景傷情的東西都收起來吧，資源回收或者束之高閣，全憑在妳。

但如果妳是個天性樂觀的人，自然不用擔心這些回憶會困住妳，僅僅留下一個紀念品，隨時記得相愛的美好，也可以提醒自己不會因為一次分手就對感情因噎廢食。

# 愛情不該草木皆兵

有人因為感情得來不易，過度保護它，最後卻拿捏用力不當，開不了花結不了果，戀情最終在手中窒息了。

談一次戀愛，當一次感情的偵查員，謹慎是必須，但過度猜忌不安，卻是敗露行蹤、被人反將一軍的錯誤之舉。

曾經，她視愛如命，一談感情便全心全意地付出奉獻，把戀愛視為人生唯一的目標。然而，最用功的學生不見得會拿到最好的成績，每當她如此用心地付出後，總是換來不好的結果，越是追求幸福，越是得不到，每段戀情最後都是無疾而終。

或許是成長背景的關係，從小在家裡得不到溫暖的她，渴望有份屬於她的愛情。她將這份愛投射在情人身上，於是她的愛既霸道又具危險性。她總是習慣每天賦在男友身邊，只要男友一遠離視線，她電話馬上到；查勤還是小事情，只要男友工作忙碌沒接到電話，便開始往壞的地方思考。每個男友在交往中，總是會問她同一句話：「難道妳的生活沒有重心嗎？」這樣的愛讓人喘不過氣，每次談戀愛總是一再重複同樣的片段。

**每個人長大後的人格發展和小時候的遭遇有著連帶關係。**

我另外認識一個保險業務員，那個保險員一直以來都得不到長輩客戶的喜愛，後來才發現從小和長輩處得不好，心裡有陰影，才造成每次談生意時，總是先往壞處去想，認為那些上了年紀的一定看不起資淺的他所說的話，每個案子總是虎頭蛇尾。

那個保險員朋友後來接受公司培訓，透過職能訓練與教育，想辦法改善自己的想法後，業績果真突飛猛進，以往在客源中為數不多的長輩也開始倍數成長，當初討厭的對象，後來卻都因為人脈關係越牽越廣，這是一開始有先入為主觀念的他從來沒想過的。

而我那位朋友呢？在感情四處碰壁之後，她逐漸反省自己，是否把過多的重心放在愛情中，只要有任何風吹草動都會不安？

當你越渴望愛，代表你小時候接受不到愛，如果不能好好正視這樣的問題，學習改善家庭關係，或許你在愛情的路上會一再失敗。果然，深入瞭解之後，她和家裡的人已經好幾年都沒碰面了，習慣總是逃避親情的她，決定勇敢去面對。試著把心裡感受講給身旁親近的人聽，當她開始接受這樣的愛時，發現對於情人渴愛的程度反而降低了。

原來，真正問題其實不在那些交往模式中，而在於她對於愛情的需求程度。**人生來就需要群聚關係，而這些關係構成了友情、親情、愛情，缺一不可。**但從小害怕面對親情的她，轉而把這種情感加重在愛情身上，若對單一的情人都要另賦予另外的家人角色，這樣的壓力是會讓人逃之夭夭的，也能怪會讓愛情失衡。

愛情不單是一加一的關係，有時候牽扯到很多層面的想法。當你戀愛總是不順遂時，試著去回想，或許是本身潛在個性在對待情人的態度方面出了差錯，造成兩人相處時出現陰影。因此，學會去愛所有人，你才會懂得如何愛人。

**薇薇小語——**

擁有幸福的愛情關係，是一帖治療百病的良藥，俗話說「良藥苦口」，這帖良藥卻從來不會美味，要對愛情放心、對情人寬心，無謂的疑神疑鬼、不信任，只會讓感情變質，最後像是飲下砒霜般無端終結感情的命運。

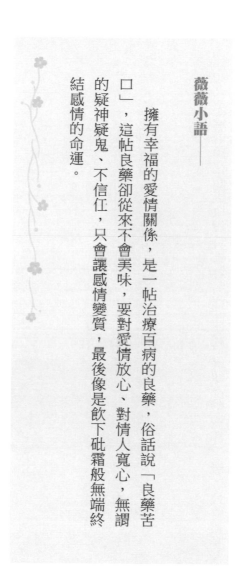

# 當個不敗的女人

有時候不是真愛不降臨，而是遇不到對的人。當錯的時間遇到錯的人時，只能無奈嘆息，最後草草結束這場錯誤。

曾經在兩性座談節目上看到許多年過三十的女性，在經歷了長達五年、七年的愛情長跑後卻選擇分手，彼此討論感情出問題的時間居然都是差不多一、兩年。

女人總是選擇在面臨抉擇時逃避，因此感情就像歹戲拖棚一般，最終雖然落幕了，卻也帶不回逝去的青春。節目中的主持人擅長解讀女人心，她以略帶惋惜的口吻，問她們：「如果再給大家重來一次的機會，妳們，會選擇一樣的情人嗎？」每個女人都搖了搖頭，相繼拒絕了。看來一旦走出愛情的框架外，每個人似乎都會十分理智，偏偏談感情的時候又不是這麼回事。

透過部落格，我有了與更多男男女女談心的機會，有個女生，在我剛開始與讀者互動時便時常留言給我，從她的發言，我知道她是個觀念傳統的女性，大學畢業後雖然當的只是大公司的小職員，但是透過朋友介紹而認識的男友，是個人人稱讚的有為公務員，這和她兒時的夢想十分接近，希望男友能儘早娶她入門、希望能就此洗手作羹湯，成為一個專心在家相夫教子的賢妻良母。

交往了五年，男友對她的期待似乎還沒有任何回應，都快三十歲了，她開始忐忑不安，尤其最近兩人感情有明顯轉淡的程度，她不明白為什麼，是自己太過於被動還是男人工作壓力太大導致疏忽了經營嗎？未免夜長夢多，她決定開口向男友討論到將來的問題。

可是男友一臉興致缺缺，明明公務員收入穩定，她自己也省吃儉用存了一小筆積蓄，要當作小孩未來的教育基金，那為什麼男友始終每次都拿出相同的藉口，說現在談婚姻還太早呢！況且，不結婚不代表就不愛了啊！

## 既然結婚無關乎愛與不愛，那麼走入婚姻的目的是什麼？

她心中當然也明白婚姻只是張紙約，但在女人心中的意義卻象徵著承諾。等不到男友的默契回應，她心裡漸漸明白——或許同年紀的男人和女人想法不同，她渴求穩定的感情生活，而男友還是嚮往著自由。

最後，她選擇分手，了結這段多年感情。有時候女人不一定是執著非結婚不可，她們要的只是男人的態度，看男人是否能給她穩固牢靠的承諾，看男人是否真能從一而終、給雙方未來畫出幸福的藍圖。

結婚不僅僅是「我愛他、他愛我」而已，而是尋找能夠認同雙方生活習慣和價值觀的另一半，否則即使結了婚，不過也是被一紙證書綁住而已，那又何必？

對於愛情，女人應該要擁有掌握自己生活的主導權。遇到不對的人會進而影響到自己的生活，這時就應該謹慎思考適合與否，「進可攻、退可守」才是面對愛情的正確態度。當個不敗的女人，選擇讓不對的男人從你的生活Get Out。

**薇薇小語——**

認清感情的現況，理性思考單身的可能性，是每個人在一段關係發展到瓶頸之後都該設想的問題。與其拖著凋零的愛情，還不如放手，重新開始屬於自我的生活。或許揮別這段感情，未來能夠再找個和自己有相同價值觀的男人。

起初我們總會愛上對方與自己大相逕庭的個性與生活習性，
彷彿可以探索出一片樂園……，
但愛上一個人的不同之處，
最後往往也會因為這個人的不同而逐漸疏離。

# Ⅱ 從牽手到分手

我是愛你的，
現在、以後，只想給你永恆的承諾。
你怎麼可以不愛我？
我們的愛當真如此脆弱？

曾經牽手的兩人，變成分手的陌生人；
遺棄感情或許可以像資源回收般容易，
但你能做到的，是心中
對感情不變的熱情與對人性不灰心的信念。

# 如果不能瀟灑說分手

曾經恨不得無時無刻在一起，如今卻希望生命再無任何瓜葛……「我愛你」可以輕易說出口，笑著以為可以餵飽生命美滿；「分手」卻讓人手足無措，無論是狠心的那個他、或者受傷的這個妳……

分手時候，很多人會希望對方給個理由。不論是給這段感情一個交代，或是為自己的付出尋求解套的出口。

有些人分手不說一句話就消失不見，有些甚至是由朋友傳達分手的訊息，更可惡的是利用方便的網路MSN、e-mail，或是打通電話三言兩語告知對方，你被甩了！被告知分手已經讓人難過、錯愕了，更何況是這種沒有誠意的方式。

我曾經目睹一段感情，在我眼前濃烈展開、穩定發展到最後不歡而散。那是我的女性室友，當時我們住在學校附近的學生公寓中，她是個人見人愛的好女孩，因為參加研習營的關係認識了系上隔壁班的男生，在活動裡相識的兩人朝夕相處，只不過短短一週就讓他們互生愛意，迅速打得火熱。

一開始兩人超級甜蜜，女生愛依賴，男生包容體貼，彼此互補。然而最後分手的那一幕卻是殘忍無比，男生先是消失不願面對，女生知道單憑自己力量已經無法得到真正的分手理由，於是透過朋友施以人情壓力，男生終於現身了。

那個夜晚，他們兩人單獨在房間談判，其他人則待在我房間，幾個朋友坐立難安，很擔心結局會演變到無法收拾的地步。房間隔音不是很好，兩人的爭吵話語聽得一清二楚，最後還聽到女生哭喊要向男生下跪，求對方不要走，反覆叫著「你怎麼可以這樣？怎麼可以這樣⋯⋯。」

男生早就另結新歡，和別的女生在一起，因此現在的他巴不得快速地處理了結，絲毫沒有半點憐香惜玉的態度，反倒用更多的謊言來包裝，他給的分手理由是：我想和我朋友多相處，想留多一點時間給自己。

男生以為這樣可以不傷女生的心，其實錯了，這是殘忍的溫柔。當你開始覺得不愛對方，已經有了分手的念頭了，卻因為怕傷對方的心，維持假面的溫柔，最後卻直接以行動來表示，這會比你先說出口，讓雙方冷靜再來溝通還殘忍。

愛情是個很現實的問題，一開始有熱戀加持，怎麼看、都覺得每個角度都很美好；等到溫度退卻，看到對方倒是容易越看越膩，因為彼此的缺點暴露，如果沒有良好的溝通，就很容易分手。

**別忘記眼前這個你已經不愛的人是你曾經深深愛過的人**，在分手的時候先給對方一個冷靜期，讓對方的感情降溫，讓彼此能夠更理性面對分手。

**薇薇小語——**

對於分手兩個字，碰到的人仍是痛心不已，我們無法預測自己的戀情如何，只能學會讓分手的疼痛感降低，做好分手的藝術。分手是個藝術，處理得好，或許還可以當朋友：處理不好，不但勞民傷財，兩人在心底產生的壓力負擔，恐怕也不是短時間就能抹平。

在面對愛情的盡頭時，容易慌張的找了個理由搪塞過去，卻忘記聽的人的感受。分手的藝術是，勇於面對你曾經愛過的人，不找理由、學習面對，才是對愛情負責任。

# 我們這樣算不算愛情？

「我們相愛吧！」在上個世紀末的跨年煙火中，我忽然聽到了這句話，夾雜身旁其他人為煙火發出的讚嘆聲，我彷彿聽到了所有人的祝福。

是的，愛情就是情緒正確、氣氛正確的產物，我們有哪次是經過完美計算，才決定去愛呢？

---

有人說過：「人的生命恰似一本小說，其價值在於貢獻而不在於短長。」

我說：「愛情恰似旅行，其珍貴的不在於旅程長短而在於過程。」

常有朋友問我：「什麼是幸福？」我想，幸福就是你待在他身邊，便會覺得快樂，這就是幸福。幸福就是，還能讓人回想到過往的回憶，展開一絲微笑，這就是幸福。**幸福就是，淡淡地想起某個人，不覺得遺憾，這就是幸福。**

長跑多年的愛情，沿途經過了許多美景，悲歡喜樂，不一而足，兩人眷戀的、爭執的，都是一輩子回味的記憶；如果有幸最終得到完整的幸福，一大部份也要感恩那些經歷過的愛情故事，在你幸福的園地上成功播種、成功地茁壯。

而光芒乍現隨即熄滅的短暫戀曲，我們也不必覺得可惜，畢竟煙火綻放時，兩人感受到驚喜與瞬間的美好，活在當下、享受當下的幸福就很棒了。或許是還來不及嚐盡愛情的酸處，品不到愛情的苦痛，便結束了。因此就像餘音繞樑三日，碰觸到一個熟悉的點，就會讓人感到無限的悵然。

這都是愛情，男人與女人念念不忘的幸福。

年輕的我，也曾經迷惘徬惶，不懂為什麼當年的愛情會如此短命？難道我愛你，你也愛我，這樣不夠？如果真如男人所說這麼愛我，那麼何必分手？糾結了好幾年，我想答案問來問去，真正的想法只有自己最清楚。

畢竟我們都分手了，畢竟我們都不是孩子了。有些人分手後，百思不得其解，讓問題折磨自己，於是痛來痛去，好幾年走不出來這情傷。其實走不出來與走出來只相差了一步，這一步就叫做放手。因為我們都分手了，只能放手，放開曾經牽得緊緊的手，放開已經是陌生人的情人。

我很喜歡卓別林的一句話：「**時間是一個偉大的作者，它會給每個人寫出完美的結局來。**」端看自己能不能善用這些時間，你要痛著度過分手，還是微笑地釋放分手的痛？你想要讓自己有個完美的結局？還是咒罵怨妒地寫下悲情的結局？

曾經我問過某個人，我們這樣算不算「愛情」？當時的回答，我已經遺忘了。在我心中，我只知道，所有的愛過，都算是人生中的愛情。因為曾經的我，是如此地愛你。

**薇薇小語——**

愛情的遊戲，向來都是自由心證，你愛我，我愛你，這就是愛情。這份愛能維持多久，並不列入積分的範圍，我們只是心和心曾經有段時間連結在一起，彼此緊緊相依、相互取得默契與信任。

當你忘記向自己發問這個問題，這份感情就確立了。不需要依靠白紙黑字的證書，也不用他人為你證明。

# 習慣說自己單身的男人

愛上不該愛的人，不該開始的戀情，我們都怕碰上這樣的倒楣事。然而，用情一深，失去了明察秋毫的能力，妳還能從感情的迷糊帳裡全身而退嗎？

很多朋友都曾經遇到一種男人，明明有女友卻謊稱自己單身，或是巧妙地把自己已婚的訊息隱藏，讓女人感覺男人是單身的。常常我會懷疑，這樣到底是為什麼？如果男人真的愛他的女友，又何必隱瞞？既然不夠愛了，又何不分手？

其實男人的心態，就是在於定不下來，這是種劣根性，就像美食當前，他希望左手夾一塊，右手再拿一口，滿滿塞下，全部都屬於我的，這才是幸福。

對於定不下來的男人，除非你是很有「度量」的女人，願意睜一隻眼、閉一隻眼，將男人的花心當成博愛的延伸，否則也難以包容男人拈花惹草、愛沾腥的壞毛病。

Cindy最近剛當上髮型設計師，努力幾年，終於站到她想要的位置，讓她工作時格外起勁，同時也對遲來的愛情充滿幻想。髮型工作室最近來了一個男客人，總是在剪髮時逗她笑、陪她聊生活上的大小事，她不知道是因為工作升職的喜悅，還是客人帶給她的歡愉，但認真地說，男人像會讀心術一樣的本領，讓Cindy對他，心動了。

在經歷前段感情的創傷，Cindy這次小心翼翼評估愛情，後來覺得客人的人品不錯，透過聊天也發現對方學經歷良好，終於點頭答應對方的邀約。在生意場上偶爾調侃、偶爾有些曖昧的言語，這是Cindy習以為常的，但這個男人不一樣，不過份調謔，而且還散發一股很有安全感的氣息，讓她覺得真命天子就在眼前。

本來以為遇到個好男人了，然而在一次深夜電話中，突然發現話筒旁邊傳來細微的女生的聲音，這時間男人不該是獨自在房裡準備就寢了嗎？Cindy有點擔心、有些不安地發問：「你旁邊的女人是誰？」男人忽然停頓住，Cindy大概有譜了，不死心連番追問後，沒錯，原來男人早有女友，但又對她動心，Cindy如雷灌頂，完全被蒙在鼓裡的挫折感讓她頓時再聽不下其他辯解，她掛斷電話，把頭埋在深深的枕頭裡，不敢哭出聲……。

Cindy只在乎，男人如果早有女友了，為什麼不早點說？或許自己也就不會陷得這麼深？但如果早說了，自己會不會仍舊無法自拔？還是心甘情願就當個第三者？隨時等待男人的到來？

很多女生糊裡糊塗就被男人的甜言蜜語給灌醉，當初沒有先仔細問過男人的交往和從不坦白的情史，是一大錯誤，雖說交往的情侶本該擁有各自私密的空間和距離，但要是連身旁是不是還有藕斷絲連的前段關係，或者是根本沒交代清楚的親密關係，只被眼前的溫柔給蒙蔽，自己是不是也該負點責任？

**像是上網購物，沒看清楚商品標示直接下單，收貨後也開心用了一段時間，最後才發現是出清的過期商品？**

我們遇到花心卻多情的男人，總是樂於當個笨女人，Cindy是不是該僥倖還沒有發生什麼事情或是情感還未完全投入便可抽身？很多時候，對於感情要多用點時間想想，就會發現眼前的男人，到底可不可靠。

如果這個男人，總是半夜才打給妳，或是半夜消失不見，請不用再多加考慮了：如果這個男人，總是有意無意透露喜歡你，卻又不願意和妳在一起，那麼請小心他背後沒有明說的原因：如果這個男人，不斷和你聯絡、發出訊息想和妳發生關係，那麼請注意，這有可能是想要玩、卻又不想負責的男人。

**女人總以為，愛情等久了就是自己的，這其實和買東西一樣，沒有買久了就會得到的道理。**對於這種男人，早期發現是最好；如果已經愛上了，那麼請自己斟酌，因為下個女友位置可能是你，但也會再被第三個人介入。

**薇薇小語——**

男人懂得女人心，這是天賜的本領，天生知道該怎麼和女生互動往來。如果一個男人被說多情，這是對他的恭維；說他博愛，就是對他的行為表達諷刺；如果說他濫情，那麼這男人在感情遊戲中就一文不值。

妳可以期待一個多情的男人，但不該等待一個濫情的玩咖。

女人在愛情中的進化，就像毛毛蟲一般，
一次次蛻變，一次次成長，
直到幻化成美麗的蝴蝶，
翩翩展翅迎向更寬廣的藍天。

# 把愛讓渡給寂寞

在心中始終會存在個人，可能是遺憾無緣在一起的情人。你會不由自主地回想起那段回憶和深刻的依戀，直到時隔多年後，在人來人往的大街上無預警看到昔日的情人，身旁跟著取代你的另一半，煞那間，你明白了，那些回憶終究只是過往雲煙。

她還是記得兩年前不告而別的情人。除去不告而別這段不快樂的記憶，其餘的都是美好的。

他一直是體貼的情人，只要她一皺眉，他馬上就知曉哪裡身體不舒服、發生哪件事。每件關於她的小細節，都瞭若指掌。兩人間相處非常美好，還自訂了小遊戲，男人愛帶她去各種不同的新鮮地方，連hotel也象徵著另一種關係的性愛冒險，每家風格獨具的hotel都有兩人專屬的暗語，一講起暗語，便會讓兩人不約而同露出幸福又害羞的笑。

美好的日子總是不長久，她為了開拓自己的工作視野，選擇從台南跑到台中工作、並且念起夜間在職學分班，兩人從此展開遠距離戀愛，一開始仍是維繫得很好，後來因為她白天要上班晚上又要念書，非常忙碌，男人即使遠從台南上來陪伴，但相處的時間多半是大眼瞪小眼，或者只是相看兩相厭，漸漸的，兩人碰面時間變少了。

每天疲於奔命的她沒時間想這麼多，像個陀螺一樣從早轉到晚，一直到有天聯絡不上男人，不接也不回。納悶的她覺得奇怪，但太多的課業與公事壓得她沒時間多想，馬上又轉念想到更重要的事情上去了，直到隔天，正在辦公的她收到男人寄來的e-mail，信件名稱寫著「對不起」。她遲遲不敢點開來看，這難道就是他不接電話不回應的最後留言嗎？

她自尊心很強，分手後不哭也不鬧，但是心中仍存在個陰影，或許獨立的人都會這樣，就算再堅強面對這樣的不告而別，還是會讓人難受。尤其她並不明白這段感情的結束是什麼原因。

她收起沮喪的情緒，用最短的時間回復到原先的戰鬥位置上，以為和那個男人今生不會再有任何交集了，誰知道幾年之後，突然收到男生傳來的簡訊，男人說要邀約碰面，用了三、四封簡訊略述了歉疚，也提到這幾年結婚了、但過得不如意。她長嘆了一口氣，好多思緒在腦海盤旋。

**女人天生有種母性，對於過得不如意的情人，總會胡亂產生錯愛和憐惜。**

碰面時，他依舊體貼，差別只在於胖起來的身軀和幾年前英挺的模樣差異過大。兩人偶爾聊起過往快樂的回憶，緬懷起那段五年不算短的日子，對照著現今有種時空錯覺，如果拉回以往，有沒有可能當初只要誰再堅定一些，就可能有結果？

話題突然聊到婚姻，男人突然皺眉顯露出不開心，並且告訴她。當初其實後悔了，因為他心中一直存在著她的影子，這些年都無法忘懷。燈光幽暗中，看著男人感性的眼神，突然間，她想起了另外一個女人，那個正在等著眼前男人回家的妻子。如果當年他們真的有結果，會不會現在在家中等待的就是她？

煞那間，那些過多的依戀和緬懷像是從雲端跌下來一樣，重重地粉碎了。她不再過問當年分手的緣由，她向來是個往前看的人，不該短暫迷失在回憶裡，尤其那個她不認識的女子，她才是該思考與這男人的婚姻是否值得的人。

她在一杯熱茶的時間裡明白了，他們早已成為了彼此生命中的過客，縱使留下美麗的遺憾，但他們最終只有一個相同的名字，就是曾經走進彼此生命中的「陌生人」。

**薇薇小語——**

對於遺憾的愛情，我們總是帶著很多想像，於是延伸出過多的依戀。其實這些都是由謊言堆積出來的，愛情的真相看不清楚時，我們習慣用謊言去包裝，不管是說服自己的謊言還是幫昔日情人找的謊言。直到多年後，你會發現，最後一個謊言，其實就是愛情一廂情願的認知。

# 無法原諒的背叛

女人一向喜歡誠實的男人，但只有在一種時刻，她寧願聽到不誠實的答案。自欺欺人，明知道是謊言，卻比實話來得不那麼椎心刺骨，這樣的心態很弔詭，但反而特別容易讓人清醒。

蓉蓉和男友都在商業大樓上班，從學生時期就和男友交往到現在，六個年頭。通常這種時間點會讓兩人的感情走入另外一個階段，平穩又缺乏些生活該有的刺激。兩人總是習慣週末出門約會，然而一切的變數就在男友迷上線上遊戲後起了變化，到了週末總是可以看到兩眼無神的男友熬夜不睡覺地盯著電腦，苦勸沒用之下，她只好另覓活動和朋友吃吃飯聊聊天，因為交往久了，對男友的行為雖不能認同但反正也就是在家當宅男，就任由他吧。

蓉蓉一開始是這樣想的，於是每個週末，兩人各自有安排，她和公司同事、老同學週末聚餐，而老大不小的男友則在家和一群網友在線上遊戲裡對戰廝殺。

有個假日，男友突然說要出門找朋友A男，還突然認真打扮起來。她沒想這麼多，只要男友不要整天只在電腦前，什麼都好。後來男友說要去找的朋友A打來了，問蓉蓉男友在不在家，蓉蓉才覺得奇怪，男友不是出門好幾個小時了嗎？

A男好心提醒說：「會不會出了什麼意外？他手機都沒通，依他個性應該不至於失約的。」她聽了心一慌，趕忙拿了包包就出門，開始從最近的警察局開始詢問，有沒有人出車禍？順便把車牌號碼都留下記錄，就這麼從傍晚找到深夜。苦無男友下落的蓉蓉在警局辦好登記後，只能先回家等待消息。

蓉蓉窩在客廳沙發上，側著頭看著手中始終沒有反應的手機螢幕，也不知道時間過了多久，終於，家裡的門轉開了，出現的是一臉倦怠還有喝醉模樣的男友。

她心中警鈴大響。

「你去了哪裡？為什麼A男說你沒去聚會？」她又是擔心又是懷疑地問著。

「臨時有另外一群朋友從南部上來，我帶他們去唱歌。」男友眼神閃爍，有意無意迴避她的視線。

女人天生有著第六感，尤其說謊的人雖然態度可以掩飾著，但眼神卻是騙不了的。她一副曉以大義的模樣對男友說：「沒關係，你說實話，不論是發生什麼事情我都會原諒你。」

男友一開始還是吞吞吐吐的，直到反覆詢問N次都得來會原諒的訊息時，便失控喊說：「我真的不是故意的，就那女孩子是線上遊戲認識的，剛好她今天上來找朋友玩，但回去的時候朋友有事情，所以就拜託我載她……。」

蓉蓉聽到關鍵句，心急追問，「那到底去哪裡，怎麼會這麼久！……」

男友忽然低下頭，聲調放慢，越講越小聲：「我去找她後，女生又說不想這麼早回去，她說想唱歌，唱歌就喝了點酒，她就……我們就那樣了。」男友全盤托出，眼神越放越低，一臉懇求原諒的孩子模樣。

蓉蓉聽到這番話，心都碎了，但仍力持振作對男友說：「嗯，……我原諒你，但我們分手吧！」男友一聽嚇到，以為誠實的坦白可以獲得救贖，沒想到卻是更深的煉獄。不管男友如何苦苦哀求，蓉蓉還是鐵了心地離開了。

事後和朋友聊起這段感情，她說捨不得是必然的，一開始她也以為她可以原諒男友，繼續在一起，然而再聽到男友誠實描述真實狀況時，她突然不想聽到這些誠實的話，寧願是最初的那個理由——一群朋友找他唱歌，真相就說到這裡就好，如此她還有辦法說服自己相信。

**愛情好矛盾，應該要聽到誠實的情況時，反而想把耳朵遮蔽，不願意面對；當面對時，這段多年感情也如斷垣殘壁般不堪一擊了。**

**薇薇小語——**

背著另一半，在外逢場作戲，有人說是意外的插曲，有人習以為常甚至甘之如飴，如果你知情了，能輕易退出這樣的遊戲嗎？

愛情不能像遊戲一樣按了暫停再繼續，你只能選擇「清除」、「退出遊戲」，無法原諒的背叛其實就是當男人願意誠實地說出一切時，連一絲謊言也不願意隱瞞，就代表著把女人期待的情感丟棄了。

拍賣過季的愛情，男男女女被晾在冷風中等待出清。
路人打量的目光在身上游移，
脫線瑕疵、品名不符、色彩不滿意，
哪一天才能遇到真心相待的那一個？

# 念念不忘的舊情人

愛過了就不要回頭，你曾經在傷透心之後，又與舊情人重燃復合的火花嗎？說愛，說不愛，是嘴上輕易可以透露的語言；當時間空間轉移，曾經熟悉的那個人有多少值得你意亂情迷的機會？

分手就是陌生人，這句話我奉行自戀愛開始就是如此。我從不覺得我絕情，如此做的原因僅僅只是因為，我想當過去的曾經，也不願意當現在式的過去。

與舊情人分手後，對方愛上別人了，你還會傻傻地等待他回心轉意嗎？我不想當表現無助的人，也不想當潑婦更不想當小情人，我寧願不聯絡。

但是，如果不是自己主動，而是對方突然出現？該怎麼辦？

朋友問我，他的前女友突然在消失分手後，突然打電話約他出來。他想知道女生的心中在想什麼，為什麼還會找他？前女友身邊不是有新對象了嗎？

我說，這種藕斷絲連的心態，不分性別，都有可能發生：

**狀況一・身邊有情人，卻還是找上舊情人：**

那就是現在的她／他，戀情並不如意；假如很甜蜜，他連想都不會想你，畢竟都分手了，剛分手不想做朋友，何來分手許久後做朋友的道理？

**狀況二・身邊沒有情人，當初分手不是因為不愛：**

舊情人找你，就是因為舊情難忘，心裡多少還有你。但是要想清楚，就算心中有你，當年為什麼要分手？什麼原因分手？都是要想通的，有可能當初分手的理由也會是你們復合後再次分手的理由。

我回答我的朋友，我說：「你根本就是忘不了前女友，**所以你心軟了，你選擇碰面，其實你心底還渴望見她一面，對嗎？**」朋友沉思了一會兒，這是所有不擅處理感情抉擇的人的通病，我繼續說：「你真的覺得和一個身邊還有情人的前女友出去，這是好的嗎？你應該要勇敢地保護自己，對方當初傷害你，你何必現在又要再被狠狠撕裂一次，難道你放棄所有，就能夠挽回？」

一開始我們一定會痛苦，但是，為了要保護自己，不要再受傷一次，請反問自己：難道當初的痛嚐不夠？眼前的舊情人，只是一段時間沒出現，再次現身卻將你封閉的心又開啟了，這是真實的感覺還是錯植了當時的甜蜜？難道當初分手後釐清的缺點就能馬上視而不見？如果你選擇繼續聯絡，只能在忌妒的陰影之下沉淪，對方都有情人了，試想哪個舊情人可以馬上甩開現任女友和你復合？

別把愛情想得太簡單了。舊情人的考慮方向一定和你不同，你們還可以復合嗎？會不會最後什麼都沒有？答案雖然是模稜兩可，但也不無這樣的可能。朝思暮想的舊情人出現，我們心裡一定為之震動，但切記千萬不要再把狀況推入無法轉圜的餘地。

分手不代表絕情，也不一定分手就是陌生人，只是一切前提都是在於自己心態，要想清楚當初分手的原因，復合的愛情才會更有意義。如果當初的兩人已經有問題，選擇不碰面是最好的答案，這也為了保護自己。

**薇薇小語**

當你還是忘不了對方，沒辦法只簡單做朋友，可是心中又有分手的陰影在你心中留下疙瘩，你怕要是真有意外，復合卻又得面對相同的分離，那麼有「三不」你一定要遵守：

一不：不看照片，不見對方。

二不：不接電話。

三不：不要再去想復合的可能性。

徹底清除你和對方的聯絡管道，無論是對外或對內，理智清醒，才能更豁達面對再次的相逢。

擱淺的港灣，淤積的心事，
流洩的波光將男人女人爭論的言語送往每個角落，
最後，你的心會停泊在哪個渡口？

# Ⅲ 當我們 不再 相愛

放一張深情萬種的唱片，
那是我們肩並肩在細雨的午後聆聽的甜蜜。
雨還是溫柔地下著，窗檯前的盆栽愈發青春蓬勃，
回頭思量，所有的爭執已經不再重要，
我們都是大人了，不是嗎？
距離造成的隔閡，年紀與價值觀鑿開的鴻溝，
還有你身邊無法躲藏的那些笑顏……
當我們不再相愛，當我們終於決定分手……

# 害怕失去，會更容易失去

你的愛情跳的是哪一種舞步？是有進有退的恰恰，還是華麗旋轉的華爾滋？是激情的倫巴還是自由奔放的現代舞？站定身，握住對方的手，眼神交會之後，我們跳起雙人的舞步，跟著音樂節拍起伏擺動，為樂聲中的情意表現喜樂哀怨。你的愛情跳的是哪一種舞步？

愛情關係中，存在許多矛盾衝突點，例如內斂的人期待與外放的人在一起、天生多情的人想融化一座冰山、年紀較長的會有天生的照顧慾想找年紀小的作伴……，其中，最特別的一點是，往往會因為害怕失去對方，而想做些什麼事情來引起對方注意，沒想到畫虎不成反類犬，最後還是失去了對方。

艾蜜莉一向很有自信，無論是對自己的外在或內在條件，她自信碰到的人都會迷倒在她的裙下，偏偏最近戀愛的對象，讓她很沒有信心，對方對於相處的關係總是表現得平靜如水，但好像也沒出過差錯。她不是不知道兩人關係緊密，但老覺得無法猜透對方心裡想法。

艾蜜莉明白胡思亂想是多餘的，但她又真心渴望，男人能對她的存在再多釋出一些表示，也因此，她常把問題丟給自己，是不是自己沒有想像中的完美？是不是交往久了男人就膩了？也常常對自己心理建設，告訴自己不要這麼愛對方，但好像越用力想，越容易陷入杞人憂天的窘境，演變到後來，只要一遇到一些不如意，艾蜜莉便和男人吵起來，一來是想發洩情緒，二來想要藉此引起男友注意。

你猜艾蜜莉的行為引起注意了嗎？

經過這麼一次、兩次、三次的大吵後，男友心灰意冷了，艾蜜莉這時才發覺自己用錯方法，後悔這陣子一直針對小地方發作，找到一個點就吵架，把自己逼到歇斯底里的狀態，以為這樣的爭執可以讓平淡的感情起一些波浪，以為合好之後兩人會更珍惜這份關係。

但為時已晚，男友分手的心意已決。

這是艾蜜莉的故事，度過失戀低潮的艾蜜莉，後來和我分享，其實在這過程中，男友也沒什麼大毛病，純粹就是她自己想要得到更多的關愛和安全感，會故意說些話、做些事情試探男人的反應，就這麼一次次挑戰男友的耐性。

每次吵架後，就發現男友離自己越來越遠，因為害怕失去，艾蜜莉又想多做一些事情證明愛情，一次次的實驗，最終得不到想要的結果，反而讓自己更加心灰意冷，也影響了男友，反而被奪走了宣判愛情的主控權。

你能明白**感情中永遠不需要衡量愛的重量有多少**嗎？

當你持續用害怕失去的想法去面對愛情，常常會因此做些錯誤決定，心情會影響相處的氣氛和感情，或許對愛情，應該要用正向的思考去相處才對，畢竟，誰願意一直看到愁眉苦臉的情人呢？失去這段感情卻讓你得到一段經驗，我想，下一段感情，你應該會更成長！

**薇薇小語——**

再怎麼相愛的戀人都沒有失戀的豁免權，千萬不要和另一半斤斤計較愛情比重的多少，有些人談戀愛不見得就要把愛掛在嘴邊，他們會在生活中實現相愛的承諾，而這種踏實的交往，遠比形式上的說愛，來得重要，要是太過於計較愛情的存在感，手中的幸福反而被抽離得更快喔！

# 朋友，情人，陌生人

掛上電話，任由電話那頭不清不楚的問候在空氣中散落。他猜到是我了嗎？沒有來電顯示，他還是猜得出是我嗎？被想念細綁的兩個人，在朋友與情人之間遊走的拉扯，再多一秒的思考，我們就要陷入無底深淵，如果沒有成為情人的默契，就退回朋友的安全區域，以誠相待，是不是最好的結果？

不知道從什麼時候開始，心頭悶悶的，那種沉甸甸的感覺就像窗外陰霾的天空，被厚重的雲層籠罩著。

**我們總會在一些時候錯過一些人，明白這段感情你不能接受，卻又總會在錯過過後，思念起這樣的人。**心裡想著，為什麼這樣的好，就不能夠是單純朋友的感情？愛情就像揭開面具的小丑，掀開的那煞那，看到了不是台上的人，有種時空交錯的感覺。醜態百出地顯示出愛情的真象，拒絕了就等於否決了一切。

我們沒有愛情，也不是朋友。友誼與愛情的劃分很明顯，容不得讓人說不要。

不願承認這是種想念。當需要人幫忙的時候，在第一時間浮現在腦海中的，是你。當寂寞圍繞時，第一時間想起你的呵護。城市裡的雨總是下得太急，讓人沒有防備。有多少次，梗在心中的感謝說不出口，但我清楚地明白，這是感謝不是愛，這樣的感情不是你要的。

你要的我總是給不起，感情的事情很難說，有時候覺得愛久了就會是你的，偶爾還是會有差錯的時刻。愛久了，仍舊不會是你的，因為沒有交互的頻率，無法進而得到愛情的滿足。

男人與女人要的總是不同，心裡想的也不大相同，愛情的看法更是天差地遠。有些人我們設定成朋友，當超過界線，就代表著分離，過了就如覆水難收，我們極力阻擋這樣的情形發生，但是還是抵不過現實。

**拒絕了就代表著無法再聯絡，不是情人就是陌生人。**

看著許久未打的號碼，心裡明白這次的別離可能就是永久的。我們期待的友誼也成空，只好不斷安慰自己，或許這是最好的結果。

朋友和情人是一線之隔，有時候當朋友會比情人更好，起碼只要交心，不用面臨分手。比起緊握的雙手，朋友互通的心靈更來得珍貴。然而這樣的信念也只能空想，因為更多時候，人們總是被短暫的激情沖昏頭，寧願選擇當情人而不是朋友。可悲的是，這是人性，想要佔有的慾望比成全的理念來得直接。

有些人註定不能連絡，就如同有些事過去了，就無法再追究……

**薇薇小語**

朋友的重要性，某些情況下可能遠比情人重要，尤其當你特別和朋友談得來的時候，很容易有移情作用，誤認為情人沒有朋友來得瞭解你，可能一時會錯估情勢。

如果你也有這種連你自己都擔心的朋友，不管有沒有另一半，建議你最好每次和朋友見面時減少單獨相處的機會，呼朋引伴可以減少你對他的注意力，免得一股腦就投入在連你自己都看不清的謎團裡。

你從頂端往下注視，愛情的面目。
我在深不可測的底部仰看，你看似可親的笑容
和似遠似近，沒有交集的愛情迴旋。

# 我真的愛你嗎？

婚姻關係的微妙，在於愛了或不愛了，只要白紙黑字的結婚證書還在，一切都不管了，冷冰冰的證書就像冷藏情感的冰庫，兩個人不及時幫感情增溫，只會讓婚姻關係提早冷凍，甚至碎裂。

分手後的心路歷程大致上是這樣的：一開始痛徹心扉、生不如死，到了中間，淚也乾了、心也倦了，便開始猶疑不定地思索一些問題：

「我真的有這麼愛你嗎？」「其實好像沒這麼愛了。」

很多人常常在這個關卡過不去，畢竟分手對某些人而言，就等於人生的一大失敗，要一個人面對失敗總是很難承認，於是這個階段，寧願失去自尊，也要死撐著、絕不放手。

筱臻和老公婚變的理由是外遇，在更早之前，其實兩人早已慢慢少了互動，但兩人明明才新婚三年不到，照理說住在同一屋簷下，應該是新婚夫妻無事不談、無話不說的，怎會交談次數少到像兩個陌生人處在同一個空間裡？筱臻總是不斷地想，到底當初在一起，對還是不對？會不會只是一時衝動？

她好像沒這麼愛這個男人了，當愛情成份已經從生活中悄悄散逸，兩個人的存在只是習慣時，不離開也僅僅只是因為，沒有理由離開。但是當男人突然外遇，一副我什麼都給你沒關係，只想遠走高飛的模樣，賭氣的筱臻頓時間也就不想離開了。

「怎麼可以讓他稱心如意？那麼我的青春呢？」這樣的念頭層出不窮，讓筱臻就這麼糾纏了幾年，要知道男人變心後，是十匹馬都追不回的，她眼睜睜看著日益冷淡的婚姻關係，有名無實的兩人生活，甚至見面就冷嘲熱諷，氣急當頭時，差點大打出手。

當初簽訂的結婚證書，只是把兩個不相愛的男人女人，半強迫地關在一個牢籠裡。要怎麼讓自己解除束縛？筱臻慢慢覺得喘不過氣，也發覺青春再消耗下去，恐怕再也不會有下一個男人會更好的事了。

「一切的忍耐，只是為了這口氣。」到最後終於答應男人離婚要求而簽字的筱臻，對著我大吐苦水，為了這口氣，她憋了很久，忍受著自己男人時時夜歸，甚至不回家，寧願住旅館或朋友家，就是因為不想看到她。

起初她的心態已經變成了「我得不到，別人也別想得到」的復仇狀態。**因為不甘心，所以不願意放手；卻也不深究，這份執著到底值不值得？**

你可以接受自己不愛對方，卻不能接受對方因為別人不愛你，這種感覺很難忍耐，但是，如果不能選擇接受，一味地執著，最終的結果還是不會改變。受傷最深的還是你自己。

困住的念頭就像阻礙你離開的石頭，絆著你，讓你跌倒、受傷。一直走在陰霾的路上，只會讓自己愁眉不展、更不快樂而已。

大方放手，承認自己或許也不愛對方，明白這段感情始終無結果，會讓你獲得更多。一個本來你就不愛的男人，愛上別人，你也只是失去一個你不愛的人。不甘願不放手，一切只是心理作祟，欺騙自己的行為而已。

**薇薇小語**

情人相處都有濃情轉淡的時候，結婚之後也無法避免這樣的情形，用一張證書驗明愛情的正身，同樣的，也有另一張證書能宣示兩人的愛已經劃下休止符。

結婚證書與離婚證書，簽訂的並不是你的心在另一個人的心上要綁多久，而是提供你一個可以遮風躲雨的情感去處，哪天你的天空遼闊了，你願意再走出不牢靠的防護牆，轉身去找自己的新天地嗎？

將過往的愛情回收成一疊疊廢紙資源回收，
曾經你寫下的甜言蜜語，
成為眾人都有機會拜讀的傳說，
將你的愛開誠佈公，
我鐵了心肅清不實廣告的承諾。

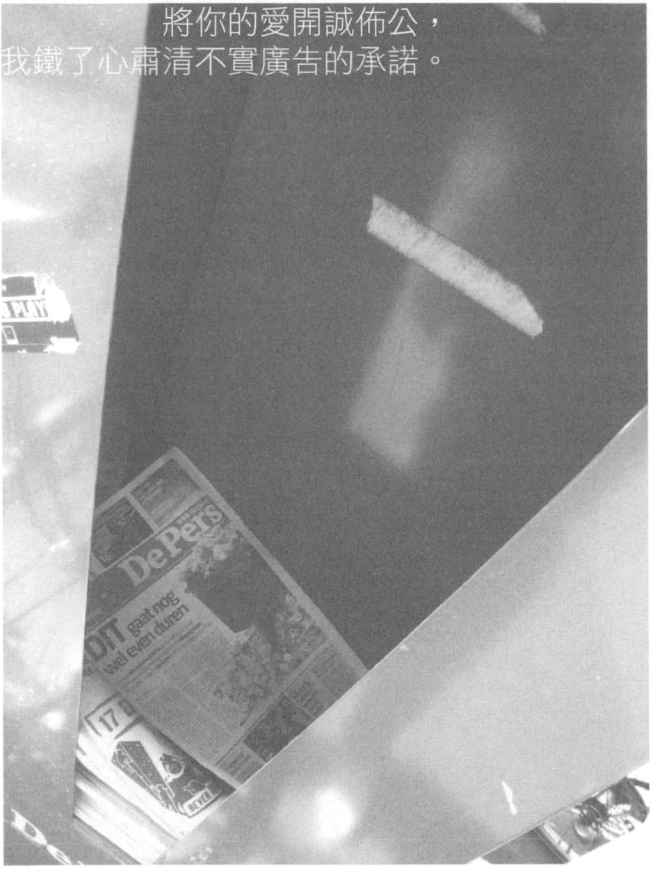

## 誰想當情感投射的複製品？

期待越高，失落越多。這是放在任何情況下都可以證實的鐵律。戀愛也是，期待眼前的情人變成你想像中的另外的模樣，你就看不見他的好了。戀愛不比盲人摸象，你確定了才是愛，又怎能確定對象後，還要硬將你的想像塗抹在他的身上呢？

**有時候分手的盲點是，在愛情中，我們渴望對方是自己想像的人。**

我常和姐妹們聚會，一些女生聚在一起，不是討論化妝品誰用的牌子好、不是哪家服裝品牌折扣比較多，而是談心，談自己和身邊的男人情感遇到了什麼問題。討論通常很熱烈，沒男友的，會向其他姐妹請教哪個男人對他好，是否該開放他來追求？有男友的，則討論他做得夠不夠好，還有哪些地方應該要加強。

一頓聚餐時間下來，那些男人全成了拍賣會場上待價而沽的商品，我不說藝術品，當然是因為藝術品絕對是留在家中仔細品味的，要是男人有了這種行情，又怎會捨得搬他出來，被其他姐妹數落挖苦。

大家你一言我一語，總是期望情人做到什麼程度。A說，一直希望男友可以更體貼；B說，我每次都和男友吵架，理由總是希望對方工作更進步，這樣兩人才有未來；C說，我選擇男友，心中都暗自設想，想要找個情人能夠聽我的話，我說什麼是什麼，他絕不能有第二句話。

雖然我也不免俗得貢獻幾句，但聽到大家血淋淋要求男友的心願，好像這些話語像家常便飯一樣，直接、簡單就存留在她們的腦海中。我不禁想著，我們真的要為男友的價值給予星等的分別，或者依照各種選項，註記評分？

**很多人戀愛總會犯這種錯，他不是和對方交往，而是和自己的期待談戀愛。**情人就像海綿一樣，當你施加壓力在上面，一開始還可以承受，往內縮成小一號形狀，當你慢慢用力，放開後，海綿馬上瞬間反彈，跳離原先的位置。

小米和男友交往才半年，不管是單獨約會或者朋友聚會，總是會念男友，「你講話很白痴，不要這樣講」、「你這樣動作很幼稚，會被人家笑啦！」每每露出嫌惡的臉，小米的男友其實是個天生愛熱場的人，喜歡搞一些花樣逗大家開心，偏偏小米從不領情，以為這樣的男友是在丟她面子。

後來的聚會裡，小米的男友漸漸地話變少了，感覺就像變個人似的，我們以為他有心事，其實是，但並不是來自他自己，而是因為小米，小米過度的想改變男友的個性，造成男友適應不良，要求，就變相成為了嫌棄。又過一陣子，再見到小米，她淡淡地說，和男友分手了。問她為什麼，小米只說，因為男友認為她要的是另外一種形象的人，根本就不是他。

我懂小米的心情，但我更懂他男友的無奈。**每個人都有自己的樣貌，每個人都是獨一無二**，如果不能接受他的真實樣貌，一再要求對方改變成你喜歡的模樣，最後的反效果往往是你等不到你要的，而他，也失去了往日的光采。

每個人都不喜歡背負另一個人的期待過活，當痛苦大於快樂的期望值，情人叛離了愛情，這要怪對方，還是怪自己？

**薇薇小語——**

你交往的是複製情感的機器人，還是真實的情人？

你身邊的他，有沒有一些你曾經喜歡過的人的影子？你好想再次看見熟悉的身影、好想重溫眷戀的感動？或者你以為要求對方改一些習慣毛病，你會覺得他更像一個完美的情人？

如果你因此就將這種感覺移情到對方身上，是不公平的。因為你忽略了每個個體所能帶來的別無分號的感情，交往本就是要將對方的心看得更細，看他付出的真心，而非與其他人比較優缺點，感情不該秤斤論兩，買定了就請好好品味他潛藏的香。

# 禁斷的曖昧遊戲

——泰戈爾曾說過，友誼和愛情之間的區別在於：友誼意味著兩個人和世界，然而愛情意味著兩個人就是世界。在友誼中一加一等於二；在愛情中一加一還是一。

你的另一半是從朋友晉升成情人的嗎？

根據星座專家說法，其中以土象星座最容易因為工作、生活上有交集，而對身旁的人日久生情。就星座觀點來看，土象星座依賴安全感，認為這些他早就認識的人比較不會有陌生感，許多大小事也都接觸過，可以少掉許多在情感發展時猜忌、磨合的時間。

這樣想的話，算來土象星座是比較務實的，談戀愛自然省了許多工夫。而那些積極認識不同生活圈的朋友們，是以什麼方式與新的朋友展開交往的準備呢？

不管是近水樓臺型的，或者是開發新領域的，很多從朋友角色變換成情人身份的例子，往往都看見某一方抱怨兩人的關係總是不清不楚，其實已經談戀愛了，卻抓不住定位。

我想，那是因為當朋友，我們知道彼此的界線，可以在最近的一步停止，我懂你，所以不越界。但轉換成情人身份後，明明懂你的我，卻好像瞎子摸象，找不到方向，只知道打著愛情之名，卻一路跌跌撞撞尋找雙方的定位。

我有個男性朋友，和女友相識到交往，一開始也只是先當普通朋友，兩人很投契，無話不談，雙方都欣賞彼此個性，在以為有默契的狀況下，女方終於點頭答應交往。以為是知己升等成情人，在相處上更不會有問題，但沒想到幾個月後戀情夭折。這位男性朋友時時向我抱怨，為什麼當初當朋友的她，這麼有個性，在一起就變調了，到底當朋友時的她、當情人的她，哪個才是真的？

變情人後，本來要思考的點變多了，要面臨的問題比當朋友多好幾倍。以前我們可以無話不談，可以保留彼此的秘密，毋須打破砂鍋問到底；當情人後，最後一絲秘密也得開誠佈公。

**因為愛你，我會想要參與你所有的生活，連同偶爾的情緒作怪和猜忌。**

或許有些人真的是只能適合當朋友而不是情人的，但我更相信，有更多的人搞錯了定位，朋友的貼心在於，我們只是朋友，我們的世界除了兩個人還有周遭的人事物；而情人，我們的世界就是兩個人，容不下另外一個人，所有的自由在於表象，每個人抓住一樣東西都習慣伸開五指，這樣比較好施力，卻沒想過當這樣施力的時候，指尖有可能傷到物體，例如，你愛的人。

我依然覺得，最棒的情人是，能與你談愛也能談心，你能把所有的事情與對方分享，讓對方參與。

從朋友轉換為情人，你要注意的是雙方的差異，情人本來就不是朋友，失去些許的自由是必然的，應該要為自己的愛情現狀負責，既然選擇當情人了，就不能再以朋友的態度對待對方。先改變的不是朋友與情人的關係，而是你對愛情的觀點。

**薇薇小語**

有人說曖昧階段是最美的，從朋友成為情人之前，所有人都對接下來的發展拭目以待。但你能分辨得出來，是因為知己的關係，心靈交往誤以為情感上也能如此契合？

朋友和情人之間仍有許多界線，如果你和你的朋友有跨界的必要，請先為你們的關係評估清楚，別最後賠了夫人又折兵。

你說我戀愛時的模樣，就像躡手躡腳貓的身影，
我說因為想在你的身邊挨擠，想與你曬一段下午的日光，
將美好的心情在窗台邊攤成一場白日夢。

# 愛情是場耐力考驗賽

在愛情中，你是短跑衝刺還是長跑耐力型的選手？從來只有我們追逐幸福，在經過重重考驗後得到愛情的桂冠，不會是我們什麼都不做、只好整以暇等幸福來敲門。

幸福從來不會等人的，不懂把握，幸福就會在你未發覺前悄悄地流逝。

佳珊一向自視甚高，不論待人處事方面，即使對情人也是如此。從小由於體弱多病的緣故，除了家人的照料之外，朋友也對她小心呵護，因此她習慣被捧在手掌心。對於幸福，佳珊沒有太多的感受，她以為這些都是她應得的，不懂什麼叫做體諒，也不懂包容是什麼。

周遭朋友都了解她的個性，因此只當她是小孩子看待，從不計較也不忍心苛責。後來小公主終於戀愛了，佳珊愛看偶像劇，知道要扮演好稱職的女朋友的角色，她把偶像劇那套愛和男朋友鬥嘴、耍任性的橋段都學起來了，就是沒有學到半點溫柔與包容。

佳珊的個性既然改不了，男朋友也泰然接受，心想，就當愛上了個驕縱的千金公主吧，不想計較太多，反正情侶相處，偶爾來點耍脾氣與小任性，好像也可以增進些生活情趣。因此一年多下來，兩人的爭吵與不快，倒也沒引起多大的影響，習以為常到吵架就像家常便飯。

旁人以為這段戀情應該可以開花結果，但沒想到卻發生一些小插曲。她在交往一年多來，對於男友，總是存在一些怨懟，一開始只以為是小小的情緒作祟，到後來演變成厭惡情人，從外表到個性，無所不挑剔。佳珊不明白到底怎麼了？是愛情沒有電視上看的來得吸引人？還是男友真沒有想像中的好？

但是佳珊怎麼想，倒也不會認為是自己的問題，如果這份感情沒有想像中的好，那應該還有別的選擇，如果這個男友不夠完美，當然以自己的條件絕對值得更好的男人。

她渴望自由、渴望去看看其他世界有多美好的心情越來越強烈，佳珊開始激動數落男友、跋扈地要求男友離開她的世界，而那個溫和的男友竟然也照辦了，摸摸鼻子就消失在佳珊的生命中，是真的委屈到連挽回的能力都沒有？還是男友自己也同意分手是種解脫呢？

佳珊不懂男友的心情，她在乎的是終於盼到好久不見的自由，彷彿眼前的世界開闊了，又有一片新天地在等她。她開始流連夜店，長達兩個多禮拜夜不歸宿，原先還覺得新鮮有趣，每天都有生面孔可以攀談、每個夜店都有發展曖昧的機會，但酒一杯接著一杯，飲進單身的自由，也飲盡了單身的寂寞，回到住處後的空氣是冰冷的，房間裡空蕩蕩地沒有半點雜音，只聽得見自己的呼吸聲，她開始感覺到慌張，心中的徬徨越來越深，每過一天，心就像浮萍一般無所歸依。

「這就是我要的生活嗎？」「那個男人為什麼不回頭找我？」……

佳珊不懂，為什麼曾經深愛她的男人可以走得如此瀟灑？難道愛真的不持久，她漸漸想起男人以前的包容和溫柔，每思念一分，心就抽痛一下。

原來學會體諒和包容是這麼的痛苦，幸福曾經圍繞在身邊，而她卻始終不明白。這份學習來得沉重，卻也令人深刻體會。沐浴在幸福中的人，是看不見幸福的。只有失去幸福的當下，才能體會，原來幸福，可以這麼簡單就擁有。

### 薇薇小語

愛情是考驗耐力的挑戰賽，你曾當過半途而廢的選手，還是充滿運動家精神，面對各種挫折不屈不撓？

不管是誰先開口說分手，你已經決定從愛情的耐力賽中選擇退出，退出比賽就沒有說後悔的權利，當然你就沒有資格再說自己擁有一身好本領。

分手的訊息有如盤根錯節的樹影，
隨著日光移動四處傳遞消息。
我們知道了，你的同事和我的姐妹也都曉得了。
在樹下抬頭，看不見美好的照耀，
只有密密麻麻的哀愁，輕輕在微風裡嘆息。

# IV 愛情的盡頭

轟轟烈烈的熾熱愛戀能燃燒多久？
交往時我們從不思考這問題。
愛得這麼深、這麼狂野，
篤定的目光曾讓我堅信不移。
離開你之後，這世界該有的苦痛我已嚐盡，
再也沒有人能像你那樣傷我，
我再也不會因為任何人受傷。
愛的世界，一枯一榮華，我們的愛仍持續輪迴。

# 永遠，不會有永遠

戀人的一紙謊言能讓我們輕易相信天長地久，隨口的一句話也能輕易就說分手，永遠能有多遠，夢裡我們反芻這個念頭，直到夢醒了，我們清楚看見，彼此在愛裡泅游的困境。

凱婷無精打采地望向遠方，咖啡廳內客人穿流不息的熱鬧，突顯出她的落寞。這是這陣子唯一的姿勢，模樣呆滯，坐著就陷入一股沉思。偶爾想著想著就流淚，無法控制住情緒，明明想要堅強卻事與願違。

失戀好像都會這樣，情緒低落，一逮著空檔只想躲起來療傷。曾經的回憶就像電影畫面，明明是這麼清晰地留在腦海中，但實際上電影已然下檔，來不及參與，只能落寞離去。

前幾天去找他，只換來避不見面。傳了封簡訊說不想再復合，就結束了三年感情。明明之前還好好的，一切就怪在那天吵架。

那天本來興高采烈要去看電影。都喬好時間的時候，他突然說臨時有事情要處理，是公事，但也沒交代清楚就掛斷電話。凱婷突然感覺到極度憤怒，怎麼可以這樣？不管怎麼忙，最起碼也該交代清楚。她怒火中燒傳了簡訊過去，說是不想再見到他，就忙他的公事就好了。

以往鬧脾氣的吵架模式，對方總是習慣冷處理，到了第二天就會出現，好像這些事情從來沒發生過一樣。這次吵了都快一個星期，男友都不回應，凱婷感到心急，才打電話過去，本該合好的機會又給個性都衝的兩人給搞砸了，就這樣吵了幾天，本來中間一度冷靜說要復合，但最後演變成他說累了，不想再見面。

怎麼會這樣？凱婷不敢相信自己的耳朵聽到這樣的回答，以前那個雖然有些大男人脾氣但懂得體貼的他到底去哪了？那些他曾經說過的話，難道全忘記了嗎？

「你會愛我多久？」女人模樣嬌羞，依偎在男人的肩旁，一邊說著一邊撫摸著男人手臂。「你希望有多久？」男人微笑看著女人。「永遠，比永遠還遠。」女人邊說邊站起來用手比劃，雙手拉得長長，圈出一個完美的圓。

「我說不出永遠，因為說出口的未必能做到。再過一年我們交往就滿五年了，等到彼此準備好，我相信這句永遠，很快就會實現。」男人投以溫柔的目光，女人感動得無以復加。

凱婷曾經有過這樣的幸福，但此刻這些往事有如上個世紀不可考的傳說，那些真實的感覺已經被時間侵蝕，原來所謂的永遠，也只是曇花一現。

**真正談了戀愛後，才發現沒有永遠的愛情**。愛情一直是變動的，再多甜蜜的回憶也無法改變情人的離去。年少時瘋狂愛上一個人，傻傻說著要嫁給他，那時候是單純地信仰愛情，單純的天真，相信承諾和永遠。直到分手，才恍然大悟愛情的的稍縱即逝。

原來，不會有永遠。

**薇薇小語——**

人生有很多課程，最學不會的就是遺忘。當你曾經開心地笑過，要你遺忘怎麼笑，是困難的。

忘記不容易做到，那不如就選擇記住吧！在某段的回憶中，一定有你看不到的缺口，困在愛情裡面時，是看不到矛盾點的。於是，當你放手後，那些錯誤會及時修正，就像拼圖一樣，一塊塊拼出來，直到你看見愛情應該有的樣貌。

# 釀毒的甜蜜謊言

誰都不想當愛情裡的壞人，但在面臨分手之際，思忖著該不該說出口又是天人交戰的難題。你曾遇到分手藉口滿天飛的情人嗎？他們的真心是不是在最後一刻便告崩解，成為茶餘飯後的笑話？

我的同事有很多年紀剛滿二十左右的年輕女孩，她們青春亮麗，對愛情也有相當美麗的憧憬，其中一個長得像陶瓷娃娃般討喜的，叫Karen，因為長期間與公司業務部門的男同事外出辦活動，日久生情之下就在一起了。

Karen不黏人，她是個獨立的好女孩，辦公室都說他男友是上輩子燒了好香，才能認識這麼好的對象。小倆口雖不高調談情，但對辦公室裡的調侃也不會排斥，年輕人嘛！不管遇到什麼樣的問題，笑容可以代替一切。

他們兩人都很看重公事，尤其幾個月前新的人事命令下來，男方順利升上組內小主管，更不能稍有懈怠。人的生活重心一轉移，很快的，Karen就感受到男友好像對自己開始有些冷淡。「但也許就是工作太忙了，我知道他的，他是個工作狂。」Karen只能這樣想。

沒多久，一個平常上班日的午後，Karen收到男友簡訊，裡面內容是：「我真的愛你，但我最近實在太忙了，怕冷落妳讓妳不好受，乾脆我們分手吧！」就這樣被迫接受失戀的事實，Karen不敢轉頭去找座位就在隔壁辦公室的男友，她怕會忍不住情緒崩潰，或者做出傻事來……她想不透，「為什麼說愛我卻還要分手？」

**世界上沒有什麼還愛著對方，卻只能分手的**。除非是家庭因素或是一些原因，除此之外，就是對方變心了，找個藉口讓自己的良心過得去。諸如此類的藉口層出不窮，例如：

「我們不適合。」明明一開始說很適合的人，分手的理由卻變成不適合。

「你很好，我無法讓自己應付你的愛。」這個藉口更讓人火大，我這麼好，你為什麼不愛我，難道你喜歡壞人？

「我對你沒有感覺了。」明明昨天才發生過關係，還開口說愛。

一大堆的爛藉口，但比起消失不見連分手也不說的情人，我倒寧願聽到藉口，比起糊裡糊塗找不到情人的好。

很多人先被對方講分手，總是為之氣結，無法相信這個事實。其實沒有什麼不可能的，**愛與不愛就這麼簡單，分手前很多事情透露著徵兆，只是我們總消極躲避，不願意面對而已。**

在聽到這些爛藉口後，請所有愛情的傻子，別再試圖挽回，再挽回只是徒勞無功，更加讓自己更難過。

**薇薇小語——**

分手就是分手了，不需要再為對方的各種藉口傷心難過，如果你只要一個交代，他們為了敷衍，隨便一個說法都可以拿來搪塞。

所以分手藉口只是掩飾愛情不良品的失格表現，你應該更比對方看得清愛情，與其要到一個未必真實的回覆，不如儘早和傷害你的人撇清關係。

# 最後一次說愛你

人生有很多意外，愛情也是。本來以為好好的關係，卻總是陰錯陽差出現一些插曲；以為會永遠的相愛，無奈的面臨分開；以為會一直相安無事的，卻總是出現摩擦。

我發誓，這是最後一次了。

捏捏自己的手，心痛比手痛更劇烈，就像坐雲霄飛車時，俯衝下去的一瞬間，心臟劇烈的跳動。只是這一刻的跳動，帶有心酸的苦楚。懂得與做到，有著知易行難的差距。

欣儀望著MSN，幾天前還可以時時看到小綠人閃爍的蹤影，如今連想點它的勇氣都沒有。如此喜歡一個人，但對方再也無法知道，這個訊息讓人難受。欣儀總是找理由告訴自己，沒有他也可以過得很好。事實卻總是相反，孤獨和寂寞啃食著她，幾番折磨都讓她忍不住想要放棄，撥上熟悉的號碼，害怕轉入空號或是聽到對方冷淡的聲音，她像是回到了那天……。

「我說分手。」一字字句句從堅毅的臉上看不出一絲造假。「為什麼？」面對提出分手的人好像只說得出這樣的話，欣儀的臉上呈現著慌張，為什麼？她不懂，不是一切都好好的？「沒有為什麼。倦了累了，任何理由隨妳去想。」他攤攤手，一副無所謂的模樣讓人難受。「真的要這樣嗎？難道……難道那些回憶你都忘記了？」

突如其來的噩耗讓人難以接受，她開始崩潰痛哭，但眼前這個男人變得鐵石心腸，正眼也不瞧一眼，就這麼拂袖而去。

每當想起這樣回憶，心還是會揪結。看著手機，反覆地按了號碼、又清除號碼，或許是分手的那一幕太過無情，到現在她還無法回復，湧起的心痛無法抑制，雙手交握地按壓住，這是最後一次了，最後一次想他，最後一次……。

**結束的愛情讓人痛苦，對方很清楚知道感情灰飛煙滅了，但自己卻深陷在猶豫中。**沒有勇氣的人總是每天期待一覺醒來，對方就會回心轉意；甚至寧願拋棄自尊，也想再回頭找尋曾經深愛的那個人。

試著讓感情畫下完美的句點，就算有再多放不下的包袱、放不下的情感，回歸現實中，曾經的擁抱早已少了溫度，在懷裡感受不到真實感。原來，我早已不在你心裡，一切也只是在騙自己……。

這是最後一次想起你。或許，做到是困難的，但比起愛一個不愛我的人，放棄會比較快樂。不管現在你在哪裡？都不會待在屬於我的地方了……。

**薇薇小語——**

失戀沒有特效藥，對愛渴望、對愛執著的人，在生命中恐怕也不會只有一次分手的經驗，分手是殘酷的、是現實的，它提醒我們，對愛的努力還要加油，自己覺得好還不夠，要讓對方參與感情時，你也能同等得到對方的好。

# 不說話的單人床

兩個人如果並肩在床上，什麼話都不說，沒有任何心靈交流，這樣的同床異夢，你願意過多久？

事過境遷之後，靜靜躺在單人床上，什麼都不用說，讓心事悄悄在黑夜裡蔓延，與回憶相擁而眠。

和交往多年的男友分手後，Umie常常在萬籟俱寂的夜晚，從沉睡中驚醒，望著空蕩蕩只有窗外月光照映的空牆，有種說不上來的寂寥，好像有什麼東西梗在喉嚨，再上來一點，就會使人鼻酸，像是要崩潰似的。

Umie從原本和男友同居的公寓搬出，一個人住在公司附近，本來是可容納兩人翻身還綽綽有餘的雙人床，如今，搬了家，換了張單人床，狹窄的單人床緊靠著牆，格外孤單。

躺在床上，每個失眠的夜晚，有許多情緒在黑暗的空中盤旋，沉睡、醒來、又繼續失眠，就這樣日復一日，像是戒不掉的壞習慣。驚醒時，離別的記憶，潮擁而來。

以往為了讓兩人一夜好夢，Umie習慣睡前將床鋪整理得乾淨整齊，如今自己棲身小公寓裡，卻不想再多做些讓自己難堪的事情。Umie儘量不開燈，因為開燈會讓自己孤單的事實更加明顯；她不再隨時打掃家裡，因為亂一些反而能感受到每個角落都有人碰觸過的假象；還有那張單人床，被單鋪得太過整齊，殘留的隔夜餘溫頓時會失溫讓人難受……。

Umie躺在床上，下意識地拉了拉枕頭，原來，以前只靠著枕頭睡三分之一部份、把大部份面積留給男友的習慣還在，只是，她再也拉不到曾經共眠的那雙強壯的手。

「搬離開那刻，只有我一人收拾東西，他沒來看我，連最後一眼都不想見……才明白，原來愛真的淡了。」Umie有次和大家聚會，在濃濃的咖啡香中透露出這陣子的離愁。

她說剛開始交往，那張雙人床，感覺好大好大，兩人緊緊相擁，整張床像是一個小小的國度，彷彿可以永遠就賴著不醒；但最後，偌大的雙人床兩人各執一邊，彷彿一轉身，就有不可避免的尷尬，讓人睡不安穩。

在感情觀逐漸開明的現代，男男女女可以輕易地就靠著枕頭共享美夢與心事，我不禁想著，像Umie這樣**無望地愛著一個人，戀著另外一個人的溫度，實際上卻不了解對方的想法，這樣做是對的嗎？**還是我們面對像她一樣的處境時可以灑脫地倒頭就睡？正因為愛過，所以她知道枕邊人不再給予溫暖的痛苦，正因為她痛過，所以懂得分手後改變原有的生活方式讓自己適應新的生活。

一張不說話的單人床，擺在空盪盪的房間，仰賴著牆面呼吸僅存的記憶，聆聽曾經溫熱的心跳。

**薇薇小語——**

時光不停地流，失戀分手後總怕夜長夢多。失眠夜你都在做什麼？如果你還留著前任情人的物品，請妥善收好它吧，人們總說睹物思人，在療傷的時候暫時遠離這些容易觸景傷情的事物，留給自己完整的呼吸空間，用正面思考取代負面的懊悔。

# 愛情沒有保鮮期

交往時間一長，情人之間的生活磨合越形重要，深諳此道的人能常保戀情溫度，任由情緒操控愛情的人，就很容易讓感情變質。每份愛情都沒有固定的保鮮期，即使熱戀中的人也可能遇到戀情急速降溫，將心比心，才能確保

不知道從什麼時候開始，Petty變得愛鬧脾氣，莫名地為了小事抓狂，即使這件事情看似不重要，也會讓她像要找個出口似的，一直往裡頭鑽，如果他置之不理，反而會更瘋狂的要求面對。

「為什麼你最近都不說愛我了？」這天，她也不知道哪根筋不對勁，一抓到話題就像抓到小辮子一樣，死命緊抓不放。

而他不知道是不想回答，還是不知道怎麼回答，這樣的沉默在兩人心中發酵，彷彿有股黑暗的氣息要成形。

「該不會真的不愛我了吧？是不是？你說，快說！」聽不到回答的Petty，更顯得焦躁不安。

「最近太常吵架，我也不知道還愛不愛……」男友一股作氣說出口，模樣像是沉到水裡不能呼吸，如今浮上水面，終於吐出口氣。

Petty聽到了男友的話，愣住了。沒想過答案會如此的傷人，沒想到會聽到這種答案。從那天後，兩人本來每天吵，照三餐吵，開始長期冷戰，碰面不曉得要講什麼，就用沉默代替，彼此都懷著不一樣的心事，也都在揣測對方的心事。

但沒有誰，可以再踏入彼此最深層的禁地了。

感情禁不起吵，一開始會發現雙方可以鬥志高昂，吵得天翻地覆誰也不讓誰。但久而久之，吵得對方意興闌珊，再也提不起勁面對任何事，冷漠成了最傷人的利劍。

其實在感情發生問題的最開始，通常女生就容易把不安的感覺擴大，為了安全感，女生總要求男生回答，要求男生一如往常地說愛她，但冷戰時期的僵持不下，卻容易瞬間冰凍所有關係，好像一輕輕觸碰，愛的感覺就會粉身碎骨。

惡化的關係讓兩人看不見對方，久而久之也就淡忘了昔日的情感，等到有天想起，才發現失去了最重要的東西。就像鑰匙，我們總是不需要用它時便隨處放置，每次要找的時候，翻遍了包包找遍了所有地方，就是找不到。

沒有了鑰匙，哪裡都不能去，車子打不開、家裡無法進入、重要的抽屜打不開，突然發現鑰匙好重要。我們容易對平常習慣性依賴的物品忽略，就連人也是一樣。

**遺忘一些以為不重要的事情，等到需要的時候，才發現我們的確依賴它。**

失去之後才發現對方好重要，是情感唯一的寄託，卻怎樣也找不回昔日甜蜜的感情。那種曾經親密、如今卻陌生的感覺讓人禁不住打冷顫。

人在習慣的時候，會無法發現正在失去一些東西，眼睛就像矇層紗，看不清楚，於是越走越偏。直到分手之後，縱使恍然大悟，卻再也挽回不了，畢竟時間是不等人的，錯過的人註定是不會再回來了，感情徒流下遺憾。

**薇薇小語**

戀情也是需要保養的，沒有新鮮感是交往過程中最常遇到的問題，有時嚴重，有時只是提醒你自己要隨時注意戀情的保養品質。

爭執過後的冷戰很容易傷害愛情的基底，不管誰是誰非，提早結束冷戰，最好不要輕易賭氣等對方先低頭，否則即使最後讓冷淡的關係回溫，但這段感情可能早已凍傷了也不一定。

# 第三者的心理戰術

一段感情的結束通常不會單純因為第三者的出現就被破壞，如果輕易就破壞了，那也說明了這段感情不夠堅定，以及這個男人——不夠愛你。

愛情的挫敗要是因為雙方相處出了問題，一旦追根究底，起因與自己脫不了關係的話，倒也沒有怨天尤人的機會。但要是引爆感情炸藥的，是介入你們關係的第三者，恐怕怎麼爭論都不會心服口服。

婷婷大學的時候就和學長開始交往，學生的戀情一開始總是單純而美好，交往兩年多，兩人有著共同的興趣和理想，也約定好一畢業就互托終生。交往期間，因為兩人沒有做好防護措施，婷婷意外懷孕了，原本該值得喜樂的事情，因為兩人還在念書，加上也沒能力撫養，考量到未來的重擔，只能先選擇放棄小孩。

男生對於這樣的情況很無奈也很心疼，對婷婷更感到抱歉，身為男人應該負起責任的，卻因為自己還沒有能力給予太多保護，使得孩子無緣來到世間。在如此情況下的婷婷，因為一度對拿掉孩子感到莫名的罪惡感，加上男友的媽媽認為始終對她有意見，嫌棄婷婷父母只是打臨工的鄉下人，多方壓力逼得她喘不過氣，就算男友好聲好氣安慰，她也只是悶悶不樂地不做回應。

男友的心情沒有宣洩的管道，恰巧這時候兩人最好的朋友小恬出現了。小恬很關心他們的感情，實際上，她們不只是大學同學，和婷婷的男友也是高中隔壁班的同學。善解人意的小恬常常聆聽抱怨，在婷婷不想面對男友的時候，小恬總是代替她發言，有時連婷婷不想和男友出去的場合，小恬為了疏通兩邊的溝通管道，便會主動出現。

小恬的善舉，對婷婷和男友來說是非常重要的，透過她，雙方才有聯繫的橋樑。但是事情總出人意料，婷婷有天突然收到一封e-mail，裡面滿滿的是男友和小恬的對話，甚至連親密照片也有，婷婷不敢相信自己這輩子最相信的兩個人會聯合背叛她。

拿著鐵證和男友對質後，男友終於承認是某次心情不佳的時候借酒澆愁，不慎與小恬發生了關係。婷婷傷心欲絕，原來最親密的朋友會做出這樣的事，無論她是自願或者同樣也醉得不醒人事，但男友和小恬早在高中時就認識，兩人的交情比自己建立得還早，這樣說，難道小恬是有備而來的嗎？

感情最怕第三者的介入，為了捍衛自己的愛情主導權，婷婷決定與男友劃清界線。畢竟第三者的存在恐怕不是一天兩天的事情，有些朋友早在他們交往之初就提醒要防範小恬，偏偏小恬的表現是那麼貼心，讓自己以為真的交到了一個好姐妹；而男友呢，是不是其實根本明來暗去很久了？

婷婷很快地提出分手，三個人的遊戲她玩不起，兩個人的關係都已經搞不定了，更何況是你爭我奪要搶同一個男人？

或許陷在愛裡的人都容易看不清，我們隱約明白愛情已經走到某種程度，只差那臨門一腳就會碎裂，只是誰也不希望，最後會是第三者來證明愛情的屍骨無存。

**薇薇小語**

談戀愛談到感情出現第三者，是非常難堪的事情，相信有許多人寧願愛情敗在兩人不善經營之下，也不希望是由旁人來了結。

第三者的介入往往是在雙方感情疏離時，彼此心中有著難以解開的結，偏偏有人看得懂這心鎖的密碼，於是開始滲入你的心底，讓你以為懂你的人就在眼前，情迷意亂之下終於鑄成大錯。

# V—破繭，重生

很久不見舊情人，很久沒和他說聲好嗎？
幾年光景就像樹影篩落的殘存日照，
還為生命留下些許美好。
因為愛過，深刻體認即使分手了，
我們仍要為對方祝福，
未來的生命或許不再有你參與，
但你留下的感動我會永遠珍惜。

# 當愛，說得太慢……

熱情的人喜歡說愛，也懂表現愛；含蓄的人不說愛，但也懂表現愛。愛要即時，愛要勇於說出來，表現愛，沒有固定的時機，但就怕最後想表現的時候，人不在，愛，也不在了……

惠珍在分手後遇到了A男，A男是個埋頭苦幹的男人，這種男人有著傻勁，個性執著又不知變通，追求惠珍已經一年多，從來都是默默地來默默地走。這類型的男人不善言語，天生少了浪漫因子，不是會吸引人喜愛的型。

通常一般女人只會像蜜蜂那樣，沾沾花蜜就走，不停留不留戀。因此A男以往的情史很悲慘，但這次A男的戀愛運有了轉機，因為他出現的時間點，剛好是惠珍分手後治療情傷的時刻。

失去愛的女人，很容易將無處可寄託的母愛投射在需要愛的人身上。像A男這種並不起眼的男生，原本惠珍是根本不會看上的，但療傷的時候需要一顆能夠懂這種傷痛的心，就在這一刻，剛好覺得就是他了。

A男深愛著她，無止盡的包容和寵愛，通常這樣的愛會讓人不懂得珍惜；也或許滴水不漏的愛情不會是現在女人所需要的，於是惠珍不斷地發出HELP的訊息，不斷反彈，一直到習慣。漸漸的，習慣取代了反感，本來沒這麼愛，也適應了。

A男曾經對惠珍說過一句話──我知道你沒有這麼愛我，但我就是這樣愛你，而且會持續下去。這句話溶化所有的防衛，並且深深地在惠珍心中扎根。

男人和女人對愛情態度的不同在於，**女人習慣觀察了才愛，男人習慣愛了才觀察**。所以這就是為什麼情傷的女人這麼多，因為女人總是到後來才愛上，而男人早就在一切觀察完畢後，發覺不合，就抽身不愛了。

照原先的交往情勢來看，主導權應該在惠珍手上，但是路遙知馬力，A男雖然各條件並不起眼，工作表現卻是有目共睹，一個男人只要到了以工作表現來衡量個人行情的年紀，A男瞬間從跌停板成為炙手可熱的漲停板。他從沒這麼風光過，即使早有了惠珍這個女朋友，公司或客戶還是會有一些年輕女孩，為他的工作手采著迷。

A男不再只是一個單純迷戀惠珍的傻男生了，公司將他拉拔為重點培訓幹部，後來還派遣他到海外。A男知道在大公司裡能不能再往上三級跳，就看這次到新加坡發展的成績了。惠珍起初答應得很爽快，認為兩個人好像也不需要整天膩在一起，況且好久沒有自己獨處的時間了，就當自己多了份許久不見的單人時光吧！

分隔兩地的惠珍和A男感情日漸轉淡，電話和簡訊的聯繫也開始變少，惠珍終於發現，一個人看電影、一個人吃飯的時光很難受，她好想念A男的陪伴，但是，她這麼想A男，對方和她一樣這麼想嗎？

一切都太遲了，這段感情就到此畫下句點，任由她每夜心痛，每夜思索著當初為什麼不早點釋放出愛的訊息？為什麼要等到此刻才想起過往的幸福？

**薇薇小語**

真愛，是需要自己用雙手抓住的。

或許女人在情傷後，需要安全感來保護，於是把自己層層武裝，忽略了愛情最需要坦誠以對的時機。我們總因為不安、因為害怕，選擇不說、不表態。

但是，親愛的，你知道你自己，害怕的到底是什麼嗎？

## 沒有未來的愛情，請放手

決定在一起的那一天，我們就把未來的人生交給對方了。誰都不想遇人不淑，看似簡單的決定，心中勢必考慮再三，深怕哪個環節思考得不周全。

你曾經走到感情面臨發展瓶頸的階段嗎？這個階段不管在熱戀期或穩定期都有可能發生，看重愛情的未來性有無繼續發展的可能，或許不能保證它能一路甜蜜，但最重要的是，你能擁有腳踏實地的安全感。

我一直相信女人的愛情觀會隨著年紀的改變而不同。

從前的自己總是非愛不可，小小的腦袋都是戀人之間美好的故事，出社會後，小女孩突然長大了，需要面臨的事物變多變雜了，於是想法和心境就跟著不同了。或許我會需要有人陪，但不一定是男人；或許我會渴望愛情，但我會思考比較久。

有個女生朋友和多年男友分手了，她一直很依賴對方，總是重心繞著男友跑，朋友家人也不理會。男友比她年紀大，總是念她說她，哪裡不好、這裡不對，以往的她總是忍耐，直到後來，已經超過忍耐的極限，美好的感覺一旦消逝，愛情就只剩殘骸。

她哭著和我說：「這次，我絕對不會再回去，絕對不會再低聲下氣了！」我說：「看不見未來的愛情，就放手吧！你不一定要做個依附男人生存的女人。」

有時候待在不適合的男人身邊，你會看不見自我，考慮的點和重心全依著男人活，**愛一個人不是要你犧牲自己的意見、犧牲自我的原則，才能成全這段愛情**。當你被男人數落不是的時候，你有反過來問問男人，他是否也可以接受這樣的待遇？

我曾經遇過非常自我的大男人，什麼都是他對，什麼都是我錯，在一起無法溝通。吵架也是雞同鴨講，他希望我退一步，但我又知道我到底哪裡錯了，最後終於只能分手。

雖然愛，還是分手。因為我看的是未來的日子，我愛他，吵架我可以忍，溝通不良再溝通就好，但我有多少時間可以等待對方也成長？等待對方也體會我的心情？

我另外一個朋友也有類似的情況。因為看不見兩個人的未來，她決定快刀斬亂麻，結束了三年多的感情：她在交往期間已經存好錢，貸款買了棟房子，工作固定，薪水穩定；而男友，還是在打臨工。剛度過交往三週年紀念日，一般情侶可能會開心慶祝，但她卻狠下心選擇分手，理由是男人沒有成長，她不知道對方能給她什麼樣的將來。

男人的好友都無法諒解，說女人現實，但是我不這麼覺得，愛情的交往本來就是需要成長，一個男人要挺起胸膛，才能有保護女人的使命感，每個女人要求的也只是一份安全感，當男人無法拿出一些責任以及抱負，那我們的未來在哪裡？問問女人還愛不愛對方？總是回答「愛啊！」只是我們沒有時間再去等待，也無法對未來有所期盼。

朋友說：「三年多獨自哭泣的夜晚，把我的愛都磨光了，我無法再回頭，就算想到那些回憶還是會不捨……。」

我說我懂，每段戀情走到這地步，面臨抉擇的時候，我們會惋惜，會想挽留，但最終還是必須讓它過去。因為我們要看的是未來，難道你和情人每天吵架甚至大打出手，明知不合，仍是死賴活拖在一起，就算拖個五年又如何？兩個人真的想要打打鬧鬧一輩子嗎？

愛上對的人，我們該感謝這個人給我們幸福，但如果幸福感只能存在一時，看不見未來的規劃，那麼就放手吧！讓你自己，也讓他，看清楚未來應該要走去哪個方向。

**薇薇小語**

你的愛情具有未來性嗎？還是你談戀愛只在乎此刻的滿足？交往過程會隨著兩人生活經歷的不同，經年累月變得複雜，不會再只是我愛你、你愛我如此簡單，所謂的未來性就是，當你想像任何一件事情發生時，還能確定對方是能給你支持與安全感的，兩個人就有共創未來的可能。

投遞一封沒有收件地址的分手信。
既然你已不在我身旁，那麼就讓它石沉大海。
沒能把你留下，就讓這封信，
跟你漂流到遠方吧……

# 分手，沒有想像中的痛

我們面對一件未知的事情，會先琢磨、揣測，在這段過程中，各種複雜的情緒交雜在一起，在心中渲染成莫名的恐懼。談戀愛時也會經歷這個過程，發生任何芝麻小事，擔心會不會導致分手，如果分手了，那個畫面一定不忍卒睹。實際情況是，連手都還沒分，就自己無限想像了椎心刺骨的痛。

**人一旦遇到不安的事情，很多時候，會把想像放大到極致，產生對這件事情的恐懼感**，因而影響到判斷力。

就像電視節目的恐怖箱遊戲，觀眾看得到裡面的物品是奇特的生物還是可愛的布偶，但是來賓看不到，每個來賓對於看不到的東西，都深感害怕，手慢慢地伸進去，臉上寫滿害怕。

即使裡頭只放了一張紙，就這麼尋常的東西，加入了想像，還有旁人加油添醋的形容，隨時來點尖叫聲炒熱氣氛，來賓窮緊張，無法鎮定的臉和手便洩漏了心中的恐懼，此刻毫無殺傷力的物品都可能變成致命的東西。

分手這個狀態其實也是雷同的，所有的人都認為分手很痛、失戀的過程很苦，因此，從以前到現在我所聽過的例子，沒有人說他的分手經驗是不傷痛的。

這樣的觀念造就我們在某些時刻不敢分手，因為害怕失戀的痛，這個害怕難過連帶影響了判斷，成了姑息愛情枯萎的禍首。

試著深入去想，交往本身就是種習慣，每日習慣與情人相處、習慣講電話、習慣生活大小事有人參與；分手也只是一種轉化習慣的過程，你本來習慣每天早上喝杯水，如今你戒掉這個習慣，會改變你的生活嗎？原本習慣搭公車外出，現在自己騎車，你會覺得原本的生活被改變了嗎？

不會，因為那只是個習慣。

交往前，你不認識你的情人，生活中從來沒有這個人存在；分手之後，他退出你的世界，消失在你生活範圍，會改變你的生活嗎？

不會，因為那只是少了個習慣。

在分手前，我們的想像會放大，以為每個結局都是驚悚駭人的，害怕分手的念頭一旦超過了理智的界線，就有可能縮回原本的世界，但是感情的世界不會停止傾頹，終有一日會壓垮你設下的保護牆，到時候，你還能全身而退嗎？

常常有人說，失去情人就像世界末日般絕望，這輩子沒有人能讓你愛得這樣刻骨銘心、這輩子你再也無法去愛了，再也無法找到人可以帶給你快樂……，這輩子很長，這個經歷只是人生中的一小段過程。請你分手一年後再回想，你會發現分手不如想像中的痛，那真的只是個習慣而已，一個將角色換成另外一個人就能重啟遊戲的習慣。

**薇薇小語——**

你害怕分手嗎？怕的原因是什麼？

現在的購物場所都很貼心，「不滿意，免費退貨」的服務標榜著店家對商品品質的堅持。你的愛情能不能比照這樣的服務，也為它設個保固期，或者是滿意鑑賞期？如果可以，分手時大可理直氣壯，無須吞吞吐吐，你要的東西與你想像的不一樣，無論有瑕疵或不符期待，就大聲說出來吧！

# 不擦嘴的出軌情人

出軌是一時情迷還是本性迷失的慣性行為？我們無法保證感情穩定的情侶始終都不會受到外界誘惑。拒絕誘惑堅守信念，說起來簡單但卻也不容易，要是這件事情發生了，妳要怎麼辦？

愛情交往到了一個有時候會開始質疑，到底愛情走到了最後，我換回的是什麼？

小慈是我高中時的死黨，在高中即將結束前，她就認識隔壁男校的高材生，兩個人因為課業成績優異，屢次在校外的各種研習場合有見面的機會，外型登對、條件相當的兩人像是磁鐵的兩極，很快地，便有了來電的感覺。

小慈和男友的交往非常順利，從高中到大學，甚至兩人同時考上研究所，我都隨時接收得到小慈捎來的問候，甚至他們還計劃等兩人拿到碩士學位之後，要一起前往英國進修。對於好友能有這麼令人稱羨的感情生活與人生規劃，我很為她開心，在我少數能碰到優質好男人的姐妹中，她的男友是經過每個女孩認證的好老公第一名。

交往七年之後，愛情變成了習慣，小慈覺得男友開始有「有沒有她存在也都無所謂」的感覺。朋友一直想結婚，但男人始終猶疑不定，不願給小慈正面回覆，好幾次想分手，卻又回頭，這樣的日子周而復始，一直到男人認識了另外一個女人。

故事好像就這麼倉促地結束了，小慈忍受不了男人的劈腿，加上自己個性無法容忍默默承受當第三者，她選擇退出這個遊戲。與其三個人受苦，她願意成全，即使將七年的感情放諸流水，心死了，什麼也都不用再多說。

我一直覺得**穩定交往的感情，通常都不像表面堅固，底部或許也暗藏急流。**

兩人之間如果有秘密，會更容易分手。原因在於，當一個人有了秘密，就會開始躲躲藏藏，想要隱瞞和守住這個秘密，於是讓雙方的間隙越來越深、越離越遠，最後走向分手之路。感情的出軌，就像情人擁有了你不可分享的秘密，你無法知道對方的想法，對方也禁止你探知他的事情，於是諜對諜的遊戲開始，最後弄得兩敗俱傷。

很多朋友遇到情人出軌的問題，都會問我：「到底我應該堅持下去，還是分手？」當男人對你若即若離的時候，你會清楚明白男人可能不愛你了，但妳仍是死命說服自己，有可能只是暫時的現象，一切會好轉的，都交往這麼久了！

**交往時間的長久並不是愛情護身符，真正保住愛情的是彼此相信的兩個人。**任何的遲疑或是謊言都會摧毀戀情。我也曾經試圖告訴自己，穩定的愛情是可以隨時間時間歷加彌新，但實例證明，愛情是會隨著時間變動的，無論你再怎麼抗拒，無論你花了多少努力，會變就是會變，無法留住的強求也沒用。

愛情走到最後，感情觀應該調整，你應該執著，但最不該的是執著一個不愛你的情人。眼淚不該落在一個不珍惜你的人的身上，走過、錯過、失落過，就是不要再愛錯！

**薇薇小語——**

很多傻女人會用著各種理由說服自己，為了挽回男人，搞得失了自尊不打緊，更落得被男人數落的下場，何苦為了一個不愛妳的男人，每天再過擔心害怕的生活？

對方出軌是對方不忠，妳大可以理直氣壯轉身就走，沒人願意想和他人分享戀情，尤其對方如果是屢聽不勸的慣犯，妳還想用什麼留住他？出軌的劣根性不是三天兩頭就能根絕的，為自己著想，也為自己將來的幸福好好思考吧！

# 離開那個不愛妳的人

放下感情是不容易的事情，但要追查分手的真相更讓人傷神。我們都在感情的世界裡游走，不到迴游的季節，就會一直在原有的區域繼續找尋，但是找尋什麼，自己好像又說不清……。

「原來分手這麼多次，還是無法適應分手」，不論遇到多少次，還是一樣的痛。愛情會讓你覺得習慣，只有分手是無法習慣的。

當說出結束的那刻，逞強離開，卻不會讓自己好過，終日在後悔中度過，每個人都會留個預設想法，如果我不要這麼瀟灑地走，會不會還在一起？如果，現在他還想著我，我是不是該打給他？

每個人都會好奇分手的真相，但是追究出真相有什麼意義？

Amy始終無法釋懷在分手前的一陣子，男友突然冷淡，由於出差常常聯絡不上，滿肚子的懷疑，男友卻始終安撫說，絕對沒有異心。自己心中雖然有疑惑，但每每被男友誠懇的臉說服。但是不聯絡和不回電話的情形日益嚴重，這樣情形果然讓兩人日增爭吵，最後妥協分手，愛面子的Amy下定決心老死不相往來，雙方就此沒有來往。

直到分手後的一個月，聽到朋友說很早之前看到男友出現在市區，推算時間，明明就是出差的日子，心中開始把一件件奇怪的事情連結在一起，細想之下，覺得不對勁，Amy便和好友大吐苦水。

「會不會他早就劈腿了，枉費我還傻傻相信他。」

「他有前車之鑑，他對他上個女友在交往中間就曾經劈腿了，該不會我也是被他劈腿。」

「到底那段時間發生什麼事？整個就讓我心神不寧。」

她日也想夜也想，就是想要整理出一番頭緒，能讓自己知道真相，甚至想直接殺去問前男友，把所有事情抖出來。所有好友力勸她，告訴她就算知道了真相又如何？已經分手就是陌生人了。該讓事情平淡才是對的。

很多人的不甘心分手就是源自於此，本來已經接受的事情突然不是自己想像的，就會開始追根究底，想找出一個答案。

就算這個答案如你所想的，對方就是劈腿就是偷吃了，那又如何？逝去的愛已回不來，難道繼續愛上一個不愛你的情人，就會過得更好嗎？錯了，這種痛只會讓你延續更久，更難受。

有時候只是一個念轉，你要選擇之前那種每天找男友的生活，還是現在？愛上一個飄忽不定的人是種折磨，起碼現在的你，多了自由。過去要讓它過去，這是人生中的一段小插曲，別讓過去阻礙你繼續過平靜的生活。

懂得釋懷過去，才能讓你走出傷痛。

**薇薇小語——**

過去的戀情就像昨日翻過的報紙，曾經讀過，就好了，腦袋自動過濾出值得留下的記錄，開心的事情回想起來，偶爾還能會心微笑就夠；傷感的事情如果能幫助成長，讓蛻變的痕跡銘記在心，也是好事。

## 凱特文化 讀者回函

敬愛的讀者您好：

感謝您購買本書，即日起至 2015. 2. 28 止寄回讀者回函，即有機會獲得 Ludeya 極效深入超導微針生物纖維眼膜（4 片／盒，市價 1600 元，共 5 名）。



您所購買的書名：**原來，分手沒有想像中的痛**

姓　　名 ＿＿＿＿＿＿＿＿ 性別 □男 □女

出生日期 ＿＿＿＿ 年 ＿＿＿＿ 月 ＿＿＿＿ 日 年齡 ＿＿＿＿

電　　話 ＿＿＿＿＿＿＿＿

地　　址 ＿＿＿＿＿＿＿＿

E-mail ＿＿＿＿＿＿＿＿

＿＿＿＿ 學歷：1. 高中及高中以下 2. 專科與大學 3. 研究所以上

＿＿＿＿ 職業：1. 學生 2. 軍警公教 3. 商 4. 服務業 5. 資訊業 6. 傳播業 7. 自由業 8. 其他

＿＿＿＿ 您從何處獲知本書：1. 書店 2. 報紙廣告 3. 電視廣告 4. 雜誌廣告 5. 新聞報導 6. 親友介紹 7. 公車廣告 8. 廣播節目 9. 書訊 10. 廣告回函 11. 其他

＿＿＿＿ 您從何處購買本書：1. 金石堂 2. 誠品 3. 博客來 4. 其他

＿＿＿＿ 閱讀興趣：1. 財經企管 2. 心理勵志 3. 教育學習 4. 社會人文 5. 自然科學 6. 文學 7. 音樂藝術 8. 傳記 9. 養身保健 10. 學術評論 11. 文化研究 12. 小說 13. 漫畫

請寫下你對本書的建議：

＿＿＿＿＿＿＿＿

＿＿＿＿＿＿＿＿

＿＿＿＿＿＿＿＿

| 廣 | 告 | 回 | 信 |
|---|---|---|---|
| 板橋郵局登記証 | | | |
| 板橋廣字第836號 | | | |
| 免 | 貼 | 郵 | 票 |

to 新北市 23660 土城區明德路二段 149 號 2 樓

凱特文化創意股份有限公司　收

分手

沒有想像中的痛！

姓名：

地址：

電話：

國家圖書館出版品預行編目資料：分手，沒有想像中的痛／薇薇 著. ── 二版.
── 新北市土城區：凱特文化創意， 2015.1　160 面；14.8×21 公分. ──（心關係；5）
ISBN 978-986-5882-90-7（平裝）1.戀愛　2.兩性關係　544.37　103026929

分手，

沒有想像中的痛！